Lotte Rose

Gender Mainstreaming in der Kinder- und Jugendarbeit

Lotte Rose

Gender Mainstreaming in der Kinder- und Jugendarbeit

Beltz Verlag · Weinheim, Basel, Berlin

BELTZ VOTUM

Ihre Wünsche, Kritiken und Fragen richten Sie bitte an:
Verlagsgruppe Beltz, Fachverlag Soziale Arbeit, Erziehung und Pflege,
Werderstraße 10, 69469 Weinheim.

Die Expertise wurde im Auftrag des Bundesministeriums für Familie, Senioren, Frauen und Jugend in Zusammenarbeit mit Frau Prof. Dr. Lotte Rose, Bebra, erarbeitet.

ISBN 3-407-55999-2

Programm BeltzVotum, Weinheim
1. Auflage 2003

03 04 05 06 07 5 4 3 2 1

Herstellung: Ulrike Poppel, Weinheim
Satz: Markus Schmitz, Büro für typographische Dienstleistungen, Münster
Druck und Bindung: Druckhaus »Thomas Müntzer«, Bad Langensalza/Thüringen
Umschlaggestaltung: glas ag, Seeheim-Jugenheim
Printed in Germany

Weitere Informationen finden Sie im Internet unter http://www.beltz.de

Inhalt

Gender Mainstreaming – alles anders?

Gender Mainstreaming als neue geschlechterpolitische Strategie ist in aller – zumindest sozialpolitischer – Munde. Dies lässt sich mittlerweile ohne Übertreibung behaupten.

Hervorgebracht hat dieses Konzept 1985 die 3. Weltfrauenkonferenz in Nairobi. Anwendung fand es zunächst in entwicklungspolitischen Organisationen und auf UN-Ebene. Bekräftigt wurde es 1995 noch einmal auf der 4. Weltfrauenkonferenz in Peking durch den Beschluss, dass alle Regierungen, Parteien und Organisationen Gender Mainstreaming anwenden sollen. Hierdurch ausgelöst wurde es in der zweiten Hälfte der 90er Jahre schließlich zur Grundlage in der europäischen Gleichstellungspolitik und damit auch für die Bundesrepublik verbindlich. Seit das Bundeskabinett in einem Beschluss vom 23. Juni 1999 die EU-Richtlinie des Gender Mainstreamings zur Herstellung der Gleichstellung von Frauen und Männern als durchgängiges Leitprinzip anerkannt hat, seit es also an höchster Stelle als gesellschaftliche Anforderung und Aufgabe festgeschrieben wurde, ist der Begriff auch in der Bundesrepublik in rasanter Geschwindigkeit zu einer vielgebrauchten und gebräuchlichen Formel geworden.

Dies gilt auch für die Soziale Arbeit und die Kinder- und Jugendhilfe als Teil von ihr. Albert Scherr sieht Gender Mainstreaming als »unabweisbares Zukunftsthema Sozialer Arbeit« (2001 c, 51) und führt hierzu aus: »Es steht zu erwarten, dass die Soziale Arbeit durch politische, rechtliche und administrative Vorgaben gezwungen sein wird, die Berücksichtigung der Geschlechterthematik als Querschnittsaufgabe, d. h. in allen Arbeitsfeldern, anzuerkennen, ob sie will oder nicht. Denn die bislang gescheiterte oder jedenfalls nur halbherzig realisierte Revolution der Geschlechterordnung ist nunmehr etabliertes politisches Programm.« (ebd.)

Ab der Jahrtausendwende lässt sich auch in der Kinder- und Jugendhilfe eine zunehmende Nutzung des Begriffs beobachten wie auch eine erhebliche Expansion der Fachveranstaltungen und Publikationen zum Thema, wenn auch vor allem in Form von Aufsätzen. Fachzeitschriften warten in jüngster Zeit fast zeitgleich mit entsprechenden Schwerpunktheften auf. Auch im 11. Kinder- und Jugendbericht (2002, 112) wie auch bei seiner Aufbereitung findet sich die Begrifflichkeit (Werthmanns-Reppekus 2002).

Doch was in aller Munde ist, ist gleichzeitig nebulös. Was Gender Mainstreaming nun eigentlich genau meint, was das Neue ist, das sich in dieser modernen

Wortschöpfung verbirgt, dazu herrscht an vielen Stellen der Jugendhilfepolitik und -praxis Unklarheit und Hilflosigkeit. Zwar gibt es einzelne Angebote offizieller, amtlicher Definitionen, was unter Gender Mainstreaming zu verstehen ist, doch lassen sie letztendlich vieles offen. Dass sie denn monoton durch fast alle Texte zum Thema kursieren, zeigt an, wie schmal bisher die diskursive Basis zum Begreifen dessen ist, was mit Gender Mainstreaming bezeichnet wird. Und es zeigt wohl auch an, wie rätselhaft das wenige ist, das uns zur Verfügung steht. So haben wir die eigenartige Situation zu verzeichnen, unvermittelt »von oben« durch einen Kabinettsbeschluss mit einem bedeutungsvollen Begriff konfrontiert zu sein, der erst nach seiner institutionell verordneten Etablierung nun von der Fachöffentlichkeit nach und nach entschlüsselt und in seinen Bedeutungsdimensionen diskutiert und damit schrittweise angeeignet wird. Heike Weinbach merkt denn auch kritisch an, dass mit dem Thema »einhergehende oder (...) vorausgehende Basisdiskussionen über Sinn, Zweck und Inhalt einer solchen Politik (...) nicht erkennbar oder dokumentiert« sind (Weinbach 2001, 9). Während die Internetpräsenz hoch entwickelt ist, die vor allem den Zweck hat, das Konzept zu propagieren, sind die kritischen Debatten unterentwickelt (ebd.). Was also derzeit stattfindet ist eine zeitlich nachgeschobene Diskursentwicklung. Es geht darum, einen Begriff, der politisch-administrativ schon steht, mit Inhalt, Praxis und Kontroversen zu füllen.

Eine im ministeriellen Auftrag tätige ExpertInnengruppe bietet folgende Begriffsdefinition zum Gender Mainstreaming an: »Gender Mainstreaming besteht in der (Re-)Organisation, Verbesserung, Entwicklung und Evaluierung der Entscheidungsprozesse, mit dem Ziel, dass die an politischer Gestaltung beteiligten AkteurInnen den Blickwinkel der Gleichstellung zwischen Frauen und Männern in allen Bereichen und allen Ebenen einnehmen.« (Krell/Mückenberger/Tondorf 2000, 3)

Fast identisches lässt sich bei Barbara Stiegler, einer der gegenwärtig renommiertesten »Flying experts« zu Gender Mainstreaming nachlesen. Hier heißt es mit leichter Veränderung, dass Gender Mainstreaming das Ziel hat, »in alle Entscheidungsprozesse die Perspektive des Geschlechterverhältnisses einzubeziehen und alle Entscheidungsprozesse für die Gleichstellung der Geschlechter nutzbar zu machen sind« (Stiegler 2000, 8). Ähnliches findet sich schließlich auch in der Definition des Bundesministeriums für Familie, Senioren, Frauen und Jugend:

»Gender Mainstreaming bezeichnet den Prozess und die Vorgehensweise, die Geschlechterperspektive in die Gesamtpolitik aufzunehmen. Dies bedeutet, die Entwicklung, Organisation und Evaluierung von politischen Entscheidungsprozessen und Maßnahmen so zu betreiben, dass in jedem Politikbereich und auf allen Ebenen die Ausgangsbedingungen und Auswirkungen auf die Geschlechter berücksichtigt werden, um auf das Ziel einer tatsächlichen Gleichstellung von Frauen und Männern hinwirken zu können. Dieser Prozess soll Bestandteil des normalen Handlungsmusters aller Ressorts und Organisationen werden, die an politischen Entscheidungsprozessen beteiligt sind.« (Schweikert 2000, 1)

Diese Leitlinie gilt folgerichtig auch für die Kinder- und Jugendhilfe. So ist denn Gender Mainstreaming in die allgemeinen Grundsätze der Richtlinien des Kinder- und Jugendplans des Bundes vom 19.12.2000 aufgenommen (BMFSFJ 2001, 2) und es wird dazu weiter ausgeführt:

»Gender Mainstreaming (GM) geht davon aus, dass sich die Lebenswirklichkeit von jungen Frauen und Männern, Mädchen und Jungen in vielen Bereichen unterscheidet. Nicht erkannte Unterschiede können dazu führen, dass scheinbar ›neutrale‹ Maßnahmen Frauen und Männer, Mädchen und Jungen in unterschiedlicher Weise beeinflussen und sogar bestehende Unterschiede noch verstärken. Vor diesem Hintergrund steht GM für eine Politik, die das Ziel hat, den Aspekt der Chancengleichheit von Frauen und Männern, Mädchen und Jungen in alle Bereiche und Maßnahmen auf allen Ebenen einzubinden. GM bedeutet in der Kinder- und Jugendhilfe also grundsätzlich danach zu fragen, wie sich Maßnahmen und Gesetzesvorhaben jeweils auf Frauen und Männer, Mädchen und Jungen auswirken und ob und wie sie zum Ziel der Chancengleichheit der Geschlechter beitragen können. Auf dieser Grundlage sind die Maßnahmen und Vorhaben entsprechend zu steuern.« (BMFSFJ 2001, 1)

Diese ministeriellen Aussagen dokumentieren einen konzeptionellen Aufbruch in der Jugendhilfe, gleichzeitig ist jedoch nicht zu übersehen, dass bereits im Geschlechterparagraphen des KJHG (§ 9, 3) ähnliches angelegt war. Nicht nur deshalb taucht in der Debatte zum Gender Mainstreaming immer wieder die Frage auf, was denn nun eigentlich das qualitativ Neue an diesem Konzept ist. Welche innovativen Impulse setzt diese Politikstrategie? Was wird mit Gender Mainstreaming tatsächlich anders?

Ausgangspunkt des Konzeptes sind zunächst einmal vier zentrale Setzungen:

- Zum ersten geht das Konzept davon aus, dass sich die Lebenswelten von Frauen und Männern unterscheiden. Weibliches und männliches Heranwachsen erfolgt nicht in den gleichen Bahnen, sondern in verschiedenartigen. Es wird also eine Differenz qua Geschlecht angenommen. Wie sie aussieht, dazu wird noch nichts gesagt, doch sie muss zumindest »gravierend« (Brommer 2002, 4) sein, ansonsten müsste sie nicht Thema sein.

- Zum zweiten geht das Konzept des Gender Mainstreaming davon aus, dass diese Differenzen nicht folgenlos für die jeweiligen Lebensperspektiven und biografischen Entwicklungsoptionen sind. Menschen erfahren als weibliche und männliche Wesen geschlechtsspezifische Einschränkungen. Ihre Potentiale kommen auf unterschiedliche Weise zur Entfaltung. Ihre Wünsche und gesellschaftlichen Rechtsansprüche werden unterschiedlich berücksichtigt. Es bestehen also Chancenungleichheiten qua Geschlecht.
- Zum dritten geht es davon aus, dass die Chancenungleichheiten grundsätzlich *beide* Geschlechter betreffen und für *beide* problematische Beschränkungserfahrungen mit sich führen. Beide Geschlechter unterliegen prinzipiell unterschiedslos geschlechtsspezifischen Benachteiligungen, wenn auch diese Benachteiligungen im weiblichen und männlichen Lebenszusammenhang qualitativ durchaus verschiedengestaltig sein können. Frauen und Männer unterscheiden sich nicht dadurch, *ob* sie von Beschränkungen betroffen sind, sondern nur darin, von *welchen* Beschränkungen sie betroffen sind.
- Zum vierten geht es davon aus, dass diese Chancenungleichheit einen gesellschaftlichen Missstand darstellt, der abzubauen ist. Das muss nicht selbstverständlich so sein. Wir kennen schließlich Epochen, in denen Chancenungleichheiten zwischen den Geschlechtern durchaus normal und akzeptabel erschienen. Gender Mainstreaming zu praktizieren setzt jedoch voraus, dass ein gesellschaftlicher Zustand als inakzeptabel erscheint. Es muss von daher verhindert werden, dass die Unterschiede zwischen den Geschlechtern weder bei Frauen noch bei Männern zu Chancenungleichheiten führen. Frauen wie Männer sollen die Möglichkeit haben, auf gleiche Weise mit ihren Potentialen, Wünschen und gesellschaftlichen Rechtsansprüchen Aufmerksamkeit und Unterstützung zu erhalten.

  Die Motive hierzu können durchaus unterschiedlich sein. Waren es in der Vergangenheit vor allem moralisch-soziale Erwägungen und Gerechtigkeitsvorstellungen, die den Kampf gegen die Ungleichheit antrieben, kommen gegenwärtig zunehmend auch ökonomische Interessen ins Spiel (Nohr 2001, Schunter-Kleemann 2001). Benachteiligungen von Frauen und Männern abzubauen wird jetzt zu einer Frage der Optimierung der Humanressourcen und der Produktivität und der Sicherung marktwirtschaftlicher Wettbewerbsvorteile. Dieses neuartige geschlechterpolitische »Bündnis« wird verständlicherweise noch mit viel Argwohn beobachtet.

Bis auf die dritte Prämisse sind die skizzierten Grundannahmen nicht unbedingt neu. Dass Frauenleben, Mädchenleben und Männerleben, Jungenleben sich unterscheiden, dass es geschlechtsspezifische Benachteiligungen gibt, rückte spätestens mit der neuen Frauenbewegung der 70er Jahre verstärkt ins öffentliche Bewusstsein und ist heutzutage relativ alltäglich und selbstverständlich geworden. Daran ändert auch die Tatsache nicht viel, dass dennoch die Aufhebung der Chancenungleichheiten zwischen den Geschlechtern sozialpolitisch immer eher nachrangig blieb. So bleibt also die Frage, was denn nun neu ist.

Die Antwort knüpft an der letzten Aussage direkt an. Innovatives steckt weniger in den Grundannahmen, sondern vielmehr in der Strategie, mit der das anvisierte und letztlich sehr alte Ziel der Gleichstellung und Gleichberechtigung erreicht werden soll. Der Hauptunterschied zwischen der bisherigen Frauenförder- und Gleichstellungspolitik und dem neuen Gender Mainstreaming besteht in den beteiligten Akteuren und dem konzeptionellen Ansatzpunkt. Die herkömmliche Strategie »geht von einer konkreten Problemstellung aus, die die Ungleichheit der Geschlechter betrifft. Über bestimmte organisatorische Einheiten, die für die Gleichstellungspolitik zuständig sind, wird eine Lösung für dieses konkrete Problem entwickelt. Gender Mainstreaming setzt demgegenüber bei allen politischen Entscheidungen an, auch bei denen, die auf den ersten Blick keinen geschlechtsspezifischen Problemgehalt haben« (Schweikert 2000, 2). Gender Mainstreaming vertritt also ein gesellschaftliches Veränderungskonzept, das zwar bei genauem Blick auch nicht unbedingt brandneu ist, jedoch ein bestimmtes Handlungsprinzip nun systematisch radikalisiert.

Dies kommt nicht von ungefähr. Dass die 4. Weltfrauenkonferenz 1995 das Gender Mainstreaming propagierte, hatte viel mit der ernüchternden Beobachtung zu tun, dass sich die Lage der Frauen trotz zahlreicher staatlicher good-will-Erklärungen kaum verbessert hatte (vgl. Stiegler 2000, 7). Susanne Schunter-Kleemann weist nach, dass die Konjunktur der Gender-Mainstreaming-Idee in der EU-Politik auf die diagnostizierte relative Erfolglosigkeit bisheriger geschlechterpolitischer Förderkonzepte zurückzuführen ist. Weil es unübersehbar war, »dass sich gleichstellungspolitisch vorher zu wenig bewegt« hatte (2001, 21), erhielt Gender Mainstreaming Aufwind. Schunter-Kleemann vermutet gar, dass dieser neue Anlauf in der Gleichstellungspolitik Antwort der europäischen Behörden »auf den anwachsenden weiblichen Skeptizismus gegenüber dem Projekt der Europäischen Einigung« war (21).

Wie auch immer – die Gleichstellungsfrage jetzt aus den gewohnten Randzonen zu holen und stattdessen im Mainstream der europäischen Politik zu verankern, damit verband und verbindet sich die Hoffnung größerer gleichstellungsfördernder Wirksamkeit. Sie ist als Reaktion auf die Erfahrung zu verstehen, »daß die Umsetzung der geschlechtlichen Antidiskriminierung ein viel gewaltigeres und tiefgreifenderes Vorhaben sein muß als bislang geglaubt. Solange die Verästelungen politischer und administrativer Entscheidungsprozesse, Verfahrensweisen und Gestaltungsformen nicht gründlich auf ihren diskriminierenden Kern durchgearbeitet sind, solange wird es bei der oft gehörten Klage über die mangelhafte Umsetzung der Gleichstellungsparagraphen bleiben.« (Stiegler 1998, 27)

Wie jedes andere gesellschaftliche Reformkonzept löst auch Gender Mainstreaming Kontroversen aus. Ob es die »Sache der Gleichstellung« weiterbringt oder nicht, dazu sind die Einschätzungen je nach politisch-ideologischem Standort verschieden. Wer dem Konzept Sympathien entgegenbringt, hält ihm zu gute, dass es ein vielversprechender Versuch ist, das schon langandauernde und bisher ungelöste Problem der Geschlechtergerechtigkeit mit einem neuen Handwerkszeug anzugehen, das von der Idee durchaus plausibel erscheint. Doch der kritischen Einwände gibt es ebenso viele.

»Den Spieß umkehren«

Wie das Wort »Mainstreaming« schon andeutet: Die Herstellung von Chancengleichheit soll nicht mehr allein von einzelnen Spezialressorts und einzelnen Zuständigen verantwortet werden. Sie soll auch nicht mehr allein durch punktuelle Sonderprogramme für die Geschlechtergruppe gesichert werden, für die eine Benachteiligung sichtbar wird – wie es der Ansatz herkömmlicher Frauenförderpolitik war. In dessen Folge hatte Geschlechterpolitik immer eher einen exklusiven Charakter. Sie blieb dem institutionellen Mainstream außen vor. Gender Mainstreaming will hier verändernd ansetzen: Geschlechterpolitik soll sich im Mainstream einer Organisation wiederfinden, zur *inklusiven* Aufgabe werden.

»Um in einem Bild zu sprechen: Wenn man Entscheidungsprozesse in Organisationen mit dem Flechten eines Zopfes vergleicht, so wurden bisher die Zöpfe mit den Strängen Sachgerechtigkeit, Machbarkeit und Kosten geflochten. Wenn überhaupt, wurde zum Schluss die Frage gestellt, in welcher Weise Frauen betroffen sein könnten. Der fertige Zopf wurde also noch am Ende mit einer kleinen Schleife versehen. Gender Mainstreaming bedeutet, bleibt man in diesem Bild, dass die Frage der Geschlechterverhältnisse einer der wesentlichen Stränge des Zopfes selber ist, der durchgeflochten wird und die Entscheidungen von Anfang an prägt.« (Stiegler 2001, 68f)

Was kann das heißen? Die Praxis aller gesellschaftlichen Institutionen ist nun unter dem geschlechterkritischen Blick durchzudeklinieren, um dann diese eigene Praxis so zu verändern, dass geschlechtsspezifische Benachteiligungen, die möglicherweise sichtbar geworden sind, aus dem Weg geräumt werden. Wie die o.g. Definitionen zu Gender Mainstreaming zeigen, heben die offiziellen Dokumente zu Gender Mainstreaming insbesondere auf die politischen

Entscheidungsprozesse und Initiativen als relevanter Praxis ab (Schweikert 2000, 1), die in ihren Auswirkungen zu überprüfen sind. Dies hat viel damit zu tun, dass sie vorrangig aus ministeriellen Kontexten stammen, in denen vor allem politische Entscheidungsprozesse und Initiativen im Zentrum der Handlungspraxis stehen.

Geht man davon aus, dass Gender Mainstreaming eine Leitidee auch für anderweitige Institutionen sein soll, scheint es angebracht, institutionelle Praxis auch in einem weiteren Sinne zu begreifen. Das, was in den jeweiligen Organisationen üblicherweise stattfindet, was Normalität und Routine ist, was gedacht, geredet, geplant, gestaltet, gemacht wird, was geschriebenes und ungeschriebenes Gesetz ist, was bewusst und planvoll gesteuert oder auch unbewusst absichtslos geschieht, was in räumliche, materielle, formale, finanzielle, diskursive und personelle Strukturen gegossen ist – also alles das, was den wirkungsvollen institutioneller Mainstream ausmacht, wäre demnach dahingehend zu überprüfen, ob und wie es eine Geschlechtergruppe benachteiligt, um dann gleichstellungsfördernde Maßnahmen zu ergreifen.

Damit wird der strategische Fokus verschoben: Erster Ausgangspunkt ist nicht die Situation von Frauen und Männern, Mädchen und Jungen, sondern die institutionelle Alltagspraxis. Ausgangspunkt ist auch nicht ein diagnostizierter Missstand, sondern die Organisation und die Folgen ihres Agierens für bestimmte Zielgruppen. Dieses Vorgehen zeigt dann Entwicklungsbedarfe auf. Mainstreaming heißt, dass »allen Operationen im politischen Raum der ›Zwangsgedanke‹: Was bedeutet dieses für das Geschlechterverhältnis? eingegeben wird« (Stiegler 1998, 25). Der Spieß wird also sozusagen umgekehrt. Dies ist das Innovative des Konzeptes. Die konkrete Organisationskultur steht im Zentrum der Auseinandersetzung. Die Formen, wie sie Geschlechterungerechtigkeiten – willentlich oder auch nicht – produziert, sind die Basis der Bestimmung von Entwicklungsbedarfen. Der Wandel der Organisation, mit anderen Worten: des Mainstreams, ist der Ansatzpunkt zur Herstellung von Chancengleichheit. Im Unterschied zu »traditionellen« Frauenförder- und Gleichstellungsmechanismen, die rasch und zielorientiert handeln können, aber im Gegenzug auch auf spezifische Problemstellungen beschränkt bleiben, setzt Gender Mainstreaming »grundlegender und breiter« an (Schweikert 2000, 2). »Die Umsetzung dauert damit länger; der Ansatz beinhaltet jedoch das Potential für eine nachhaltige Veränderung bei den Akteuren und bei allen politischen Prozessen« (ebd.).

Damit werden gerade feministische Positionen auf eine harte Probe gestellt. Christina Thürmer-Rohr merkt an, dass »Mainstream« noch bis in die 90er Jahre ein feministisches Schimpfwort war. Mainstreaming war verunglimpft als Anpassung und Aufgabe kritischer Haltungen. »Der Feminismus wollte keine Mainstream-Bewegung sein, sondern Kardinalkritik«, was sich in dem metaphorischen Motto verdichtete: »Nur tote Schwimme schwimmen mit dem Strom« (2001, 35). Die im Gender Mainstreaming propagierte Synthetisierung von Geschlechterpolitik und Mainstream stellt so besehen einen einschneidenden Paradigmenwechsel dar, der von feministischer Seite sehr kritisch diskutiert wird. Dennoch lässt sich einwenden, dass sich im Mainstreaming-Konzept genaugenommen durchaus Ideen feministischer Förderpolitik wiederentdecken lassen, dass also Mainstreaming gar nicht so neu ist, wie es sich derzeit den Anschein gibt, denn die Rede von der Querschnittsaufgabe hat schließlich schon eine längere Geschichte. Es wäre eine unfaire Verunstaltung alter geschlechterpolitischer Debatten, wollte man ihnen unterstellen, dass hier nie die innere Begrenztheit der »Sonderpolitiken« problematisiert wurde, dass es nie die Idee gab, im Dienste der Geschlechtergleichstellung wäre es äußerst wirkungsvoll, das eigene Anliegen im Mainstream einer Institution verankert zu sehen, und dass es nie die Forderung danach gab, die Lösung der Geschlechterfrage zur integralen Angelegenheit einer gesamten Institution zu machen. Dies war die Forderung nach der geschlechterpolitischen Querschnittsaufgabe: nicht mehr in exklusiven Sonderzonen sollte das Thema platziert sein, sondern überall; nicht mehr einzelne sollten sich kümmern, sondern alle; nicht mehr BittstellerInnen sollten Gleichstellung einfordern, sondern die Institution sollte sich verantwortlich fühlen.

Auch in der Jugendhilfe ist der Querschnittsgedanke kein neuer, sondern vielmehr ein seit Jahren bekanntes Theorem (vgl. Voigt-Kehlenbeck 2001, 8). Mädchenarbeit wollte die Mädchenförderung immer schon auch als Querschnittsthema verankert sehen. Für die Jungenarbeit konstatiert Neubauer ebenso (2002): »Jungenarbeit in ihrer modernen Konzeption versteht sich schon immer als Querschnittsaufgabe (...) und nicht als separates Spezialthema.« (19) So wurde schon im neuen Kinder- und Jugendhilfegesetz zu Beginn der 90er Jahre bekanntermaßen die Gleichstellung der Geschlechter in einer Generalklausel als Querschnittsaufgabe, d. h. als grundsätzliche, pauschale und inklusive Anforderung an die gesamte Institution festgeschrieben. Jugendhilfe ist danach aufgefordert, »die unterschiedlichen Lebenslagen von Mädchen und Jungen zu berücksichtigen, Benachteiligungen abzubauen und die Gleichberechtigung von Mädchen und Jungen zu fördern« (KJHG § 9, 3), sie muss also immer und überall Geschlechterungleichheiten mitbedenken, kann sie nicht separieren. Alle in der Jugendhilfe Tätigen sind auf dem Hintergrund dieser Vorgabe aufgerufen, »ihre Angebote, Konzepte und Handlungsstrategien darauf hin zu überprüfen, ob sie die unterschiedlichen Lebenswelten der Geschlechter berücksichtigen und wie sie Gleichberechtigung fördern (können)« (Weber 2002, 722). Dies hat große Ähnlichkeiten zu den Formulierungen des

Gender Mainstreamings, was die Schlussfolgerung zulässt, dass nun das, was im KJHG angelegt ist, »eine noch verbindlichere und vor allem über die Jugendhilfe hinausweisende Grundlage« erfährt (Karsten u. a. 2000, 32). Auch wenn die Übersetzung in eine adäquate Praxis bis heute noch aussteht – und im Prinzip dieselben Fragen aufwirft wie die bei der noch ausstehenden Umsetzung des neuen Gender-Mainstreaming-Grundsatzes –, ist doch festzuhalten, dass das Ringen um eine nachhaltigere Integration von Gleichstellungszielen in gesellschaftliche und institutionelle Normalitätsroutinen schon länger anhält als seit der »Geburtsstunde« des Begriffs Gender Mainstreaming.

Was unter dem Begriff der Querschnittspolitik verhandelt wurde und wird, hat klare Parallelen zur Mainstreaming-Politik. Die verheißene Originalität des Mainstreamings ist damit mit Vorsicht zu betrachten. Sie ist zu einem guten Stück erst das Produkt einer öffentlichen Präsentation »ohne jegliches Referenzsystem« (Weinbach 2001, 8), einer Inszenierung, bei der die herkömmliche Förderpolitik als negative Kontrastfolie stark vereinfacht und unter Ausblendungen innerer Ausdifferenzierungen dargestellt wird (Smykalla/Kotlenga 2001, 26).

Vielleicht ist es eher vertretbar, dem Prinzip des »Spieß-Umkehrens« eine gewisse Originalität zuzugestehen. Gender Mainstreaming will, wie oben schon angedeutet, die Prozesse der Ungleichheitsentstehung weniger von ihrem Ende als vielmehr von ihrem Anfang her in Angriff nehmen. Was macht die Organisation, das Chancenungleichheit entstehen lässt? Welches Handeln führt für wen wohin? Dies steht im Zentrum der Auseinandersetzung und wickelt bildlich gesprochen soziale Entwicklungsprozesse von ihrem Ursprung her ab. Das gegenläufige Verfahren wäre, die *Ergebnisse* sozialer Entwicklungsprozesse, also ihr Ende zum Ausgangspunkt der kritischen Betrachtung zu machen. In diesem Fall wird zunächst gefragt, welche Ungleichheiten erkennbar sind, um dann nachfolgend die Entwicklungswege dorthin zu rekonstruieren. Dies war und ist sicherlich die häufigere Praxis in unserem Alltag. In unserer Wahrnehmung sind wir in der Regel von einer starken Symptomorientierung geleitet. So besehen ist Gender Mainstreaming ein explizit »präventiver Ansatz« (Brommer 2002, 4), der darauf ausgerichtet ist, in *Zukunft* Chancenungleichheiten erst gar nicht entstehen zu lassen.

Aber auch hier sei angemerkt, dass dieses »Umkehrungsprinzip« schon Vorläufer in anderen Politikfeldern hat. So sind beispielsweise die Umweltverträglichkeitsprüfungen eine Politikpraxis, die dieses Prinzip in der Umweltpolitik anwenden. Indem bei einer Maßnahmenplanung begutachtet wird, welche schädigenden Folgen die Maßnahme für die Umwelt hat, wird versucht, Ökologieprobleme schon in ihrer Entstehung zu verhindern. Ebenso gibt es in der

Stadtplanung die Praxis der »Kinderfreundlichkeitsprüfungen«, die der gleichen Systematik folgen. Ehe stadtgestalterische Vorhaben umgesetzt werden, muss geklärt werden, wie sich die geplante Gestaltung auf das Leben von Kindern auswirkt. Wird ihr Lebensraum dadurch zu eng, zu sehr zerstückelt, werden ihre Spielmöglichkeiten, ihre Mobilität dazu zu sehr reduziert, wird ihre körperliche Unversehrtheit und Gesundheit dadurch gefährdet – dies sind exemplarische Prüfkriterien, die an die Maßnahmenplanung angelegt werden müssen, um im Vorhinein zu verhindern, dass ein Stadtraum entsteht, der Kindern nicht gerecht wird.

Gender statt Frau

Eine weitere einschneidende Neuerung ist – wie oben schon angedeutet – der Einzug des Gender-Begriffs in die aktuelle Gleichstellungspolitik, mit anderen Worten – wie es Corinna Voigt-Kehlenbeck formuliert: die »Ausdehnung der (geschlechterpolitischen, L. R.) Fragestellung auf die Lebenslagen von Frauen (und Mädchen) und von Männern (und Jungen)« (2001, 13). Es geht also bei diesem Konzept um beide Geschlechter. »Damit ist klar: auch Männer und Jungen haben ein Geschlecht« (Stiegler 2001, 69). Und es heißt dementsprechend nicht Woman/Girl Mainstreaming, sondern Gender Mainstreaming – ein unmissverständliches Signal, dass Zielgruppe dieser modernen Geschlechterpolitik unterschiedslos *beide* Geschlechter sein sollen. Gender Mainstreaming will beide Geschlechter in gleicher Weise und gleich intensiv in den Blick nehmen. Es sieht »beide Geschlechter in vergleichbarerer Weise als Urheber von Geschlechterarrangements« (Giese 2001, 60).

Diese Öffnung kommt nicht von ungefähr und hat Konsequenzen für die Praxis. In ihr finden schon länger wirksame Prozesse ihren vorläufigen Abschluss: Die Ablösung der Frauenreferate durch Gleichstellungsreferate, das Aufkommen der Ämter für Geschlechterfragen statt für Frauenfragen, die Verlagerung der Frauenforschung hin zur Geschlechterforschung, der Womanstudies hin zu Genderstudies, die expandierende Männer- und Jungenforschung und die zunehmende Etablierung des Begriffs der Geschlechterpolitik als fester Zusatz zur Frauenpolitik – dies alles sind Vorläufer, die anzeigen, dass die Ungleichheit der Geschlechter im hegemonialen Diskurs immer deutlicher als eine soziale Realität begriffen und angegangen wird, die *beide* Geschlechter in gleicher Weise betrifft.

Dabei gibt es jedoch feine Argumentationsunterschiede: Während zum einen die Einbeziehung von Männern und Jungen in die geschlechtsspezifische Förderpolitik damit begründet werden kann, dass auch Männer und Jungen in dieser Gesellschaft leiden, dass sie keineswegs durchgängig Nutznießer geschlechtsspezifischer Ungleichheitsstrukturen, sondern ebenso – wenn auch oftmals qualitativ anders – ihren Preis zahlen, kann sie zum anderen dadurch motiviert sein, dass sich die Situation der Frauen und Mädchen erst verbessert, wenn Männer und Jungen sich verändern. Bezeichnenderweise findet sich letztere Argumentation häufiger in den Diskussionen zum Gender Mainstreaming, z. B. auch in der Stellungnahme der Arbeitsgemeinschaft für Jugendhilfe (AGJ) zum Gender Mainstreaming. Hier heißt es: »Erforderlich sind (...) Veränderungen auf Seiten der Männer. Zu benennen sind hier (...) die Erhöhung des Anteils von Männern im Elementarbereich und der Primarstufe ebenso wie die Erhöhung des Anteils erziehender Väter durch die vermehrte Inanspruchnahme von Erziehungszeit oder Teilzeitarbeit und der Abbau von immer noch geduldeten Übergriffen und Gewalttaten gegen Frauen und Mädchen.« (AGJ 2001, 56 f)

In diesem Argumentationsschema ist es nicht die Annahme, dass Männer und Jungen in gleicher Weise wie Frauen und Mädchen Benachteilungen ausgesetzt sein könnten, die sie auch zur Zielgruppe der Geschlechterpolitik machen muss, sondern es ist ihre »Schlechtigkeit« – ihre fehlende Erziehungsverantwortung, ihre Gewalttätigkeit –, die, weil sie wiederum Ursache der widrigen weiblichen Lebenssituationen ist, angegangen werden muss. Männerförderung wird hier zum kompensatorischen »Zuarbeiter« der Frauenförderung und hat keine eigenständige Begründung. Es schlägt das Muster hierarchischer Ungleichheitsvorstellungen durch, in dem Männer in zentraler Weise das Leben von Frauen bestimmen, von daher auch Verursacher der Benachteiligungen sind. Für das Praktizieren von Gender-Mainstreaming-Prozessen ist es zweifellos von Bedeutung, auf welcher immanenten Argumentationsgrundlage es stattfindet.

Das Gender-Mainstreaming-Konzept selbst macht in seinen amtlichen Verlautbarungen hierzu bezeichnender Weise keine Aussage. Es ist von Ungleichheiten und Benachteiligungen die Rede, aber nie von Hierarchien. So wird Gender Mainstreaming mit dem empirischen Fakt begründet, »dass sich die Lebenswirklichkeit von jungen Frauen und Männern, Mädchen und Jungen in vielen Bereichen unterscheidet«. Es soll geprüft werden, wie sich »Maßnahmen und Gesetzesvorhaben jeweils auf Frauen und Männer, Mädchen und Jungen auswirken«. Es ist Ziel, die Anliegen »von Frauen und Mädchen ebenso wie die von Männern und Jungen in die Planung, Durchführung, Überwachung und Auswertung politischer Maßnahmen« einzubeziehen (BMFSFJ 2001). In allen Texten wird diese nicht-hierarchische sprachliche Doppelseitigkeit und Gleichgewichtung der Geschlechter – sieht man davon ab, dass das weibliche Geschlecht immer zuerst genannt wird – konsequent durchgehalten. Wo zu früheren Zeiten eher nur von Frauen und Mädchen die Rede war, wenn es um die Gleichstellungsproblematik ging, werden im Fahrwasser des Gender Mainstreamings jetzt durchgängig beide Geschlechter benannt.

Dieser neue Sprachgebrauch vollzieht sich so glatt und selbstverständlich und gibt sich den Anschein der völligen Normalität, als wenn es nie anders gewesen wäre, dass es schon wieder zu Denken gibt. Wie war es möglich, dass sich diese neue Normalität, die doch Gewohntes nachhaltig verstört, so einfach und schnell durchsetzen konnte? Was verbirgt sich dahinter, wenn in den Förderplänen der Kinder und Jugendhilfe jetzt die Formulierungen »durch den schlichten Bearbeitungsmodus ›suche Mädchen‹ und ersetze durch ›Mädchen und Jungen‹« an die neuen Vorgaben angepasst werden – wie der 11. Kinder- und Jugendbericht argwöhnisch feststellt (2002)? Entstehen hier Worthülsen, die Veränderung vordergründig anzeigen, aber hintergründig leer bleiben? Werden potentielle Konflikte damit tabuisiert, dass überall widerspruchslos und korrekt von beiden Geschlechtern gesprochen wird? Warum wird diese Verschiebung so gut wie nirgendwo also solche hervorgehoben und explizit thematisiert, sondern einfach nur unkommentiert praktiziert? Ist dies möglicherweise Ausdruck des ungeklärten Verhältnisses zwischen dieser neuen Förderstrategie und der alten »einseitigen« Frauenförderung, zwischen Frauenförderung und Männerförderung, Mädchenförderung und Jungenförderung? Solange konsequent von beiden Geschlechtern gesprochen wird, solange muss nicht geklärt werden, wer konkret wann was und wie viel an Förderung erhalten soll. Solange der richtige Sprachgebrauch stattfindet, solange kann die Vorstellung aufrechterhalten werden, dass Gender Mainstreaming ein sachlich-faires Förderkonzept für beide Geschlechter ist, solange gibt es keine Geschlechterkonflikte und keine Geschlechterhierarchien.

Bezeichnenderweise wird die neue gleichgewichtige Doppelseitigkeit des Geschlechterbegriffs auch am ehesten im Kontext der so noch nicht dagewesenen Einbeziehung der Männer als Akteure von Gleichstellungsanliegen thematisiert. Christina Thürmer-Rohr hält dem Gender Mainstreaming zu gute, dass es Schluss mach will »mit der Delegation der Geschlechterfragen an Frauen«. Männer, die sich bis dahin »weder ernsthaft angesprochen noch überhaupt zuständig« gefühlt haben, sollen nun »direkt angesprochen werden und die Geschlechterfrage auch als ihre Frage realisieren« (2001, 34). Zwar ist die Herstellung neuer und breiterer geschlechterpolitischer Verantwortlichkeiten zweifellos ein Ziel des Gender-Mainstreaming-Konzeptes, es verwundert aber doch, dass es vor allem dieser Aspekt ist, der hervorgehoben wird. Wenn der doppelseitige Genderbegriff des Gender Mainstreaming nur auf die Möglichkeit reduziert wird, Männer nun endlich »in die Pflicht nehmen zu können« für etwas, was sie lange gemieden haben, bleibt eine wichtige Chance außen vor – die Chance, gerade über das offen und integrativ angelegte Konzept von

Geschlechterförderung männliche Akteure auf motivierende Weise »ins Boot« holen zu können. Gender Mainstreaming verkommt bei diese Auslegung zu einer willkommenen und lange vermissten »Gängelungsmöglichkeit« für Männer, was seine Idee letztlich konterkarieren würde.

Unbeachtet bleibt die ebenso in das Konzept eingegossene bedeutsame Idee von der gleichgewichtigen Förderungswürdigkeit von Männern und Jungen. Dies wird am ehesten von männlichen Experten ausdrücklich als zukunftsweisender Umbruch akzentuiert. Bei Michael Drogand-Strud findet sich der Hinweis, dass mit dem Gender Mainstreaming »die Geschlechterperspektive erstmals umfassend um den Blick auch auf Jungen und Männer sowie das Verhältnis der Geschlechter untereinander erweitert« wird (Drogand-Strud 2001, 31). Ähnlich hebt Albert Scherr hervor: »Es geht im Rahmen von Gender Mainstreaming nicht mehr ›nur‹ um Frauenförderung, sondern um die Anerkennung von geschlechtsbezogenen Unterschieden und darauf bezogenen Benachteiligungen in den Lebensbedingungen und den Praktiken der Lebensführung zwischen Frauen *und* Männern« (Scherr 2001, 18).

Durchgängig wird dies als wegweisende und wertvolle Chance hingestellt. Gunther Neubauer formuliert aus Jungenarbeitsperspektive den Gewinn der potentiellen Bedeutungsaufwertung der Jungenaspekte, weil ansonsten in Jugendhilfeplanung und Jugendpolitik »Geschlechterthemen immer noch eher Mädchen und Frauen zugeordnet werden« (2002, 19). Olaf Jantz führt aus:

»Geschlechteradäquate Umsetzungen werden (...) ›entweiblicht‹, weil sie der auf einzelne zumeist weibliche Kolleg/innen reduzierten Verantwortung enthoben sind. Nicht mehr Frauen allein kommt die Aufgabe zu, sich um ›Geschlechtlichkeit‹ zu kümmern (und kümmern zu müssen) und damit möglicherweise hervorgehoben Mädchen zu meinen. Jetzt wird es auch möglich, dass das geschlechtliche Thema auch ein männliches ist und möglicherweise hervorgehoben Jungen meint.« (2001, 10f)

Diese hoffnungsfrohen Äußerungen verweisen darauf, wie schwierig es für männliche Gender-Experten war und ist, fachlich und fachpolitisch ernst genommen zu werden. Der gängige Gender-Diskurs hat offenbar ausgeprägte Exklusionen und Monopolisierungen praktiziert, die bisher kaum thematisierbar, geschweige denn auflösbar waren. Vor allem für die geschlechterpolitischen Fachmänner verbindet sich Gender Mainstreming somit mit der großen Hoffnung, »die teils komfortable, teils behindernde Nischensituation bisheriger Frauenforschung zu überwinden und verstärkt Männer, deren Veränderung, aber auch schlichte Repräsentanz in diesen Debatten wünschenswert erscheinen müssen, einzubeziehen« (Giese 2001, 60). Es verspricht denen, die auf männlicher Seite an der Gleichstellungsthematik arbeiten, den lange verstellten, gewünschten gleichberechtigten Zugang zum Gender-Diskurs mit Frauen. Gender Mainstreaming wird zum Scharnier, um das bislang Ausgeschlossene in den Diskurs zu holen. Dass aber an keine Stelle von diesen Autoren dann weiter ausführt wird, was dies in Konsequenz für die geschlechterpolitischen Konstellationen und das Verhältnis von Frauenförderung und Männerförderung, Mädchenarbeit und Jungenarbeit heißen könnte, hat möglicherweise mit dem schon immer prekären Verhältnis zwischen Frauenfraktionen und Männerfraktionen in der Geschlechterpolitik zu tun. Überlegungen hierzu bewegen sich auf brisantem Terrain.

Auch das vorfindbare Schweigen auf Frauenseite hierzu ist vermutlich darauf zurückzuführen, dass die im Prinzip angelegte Fördergleichgewichtung zwischen den Geschlechtern schließlich den Verlust prinzipieller frauen- und mädchenspezifischer Förderungsvorrechte bedeutet, wie sie Kanon der herkömmlichen Frauen- und Mädchenpolitik waren. Das alte Diskursmodell, dass Frauen und Mädchen qua Geschlecht besonderen Benachteiligungen ausgesetzt sind, dass sie von daher besonders förderungswürdig sind, ist im Gender Mainstreaming grundsätzlich zur Disposition gestellt. Welches Geschlecht wo wie benachteiligt ist, das wird in allen Grundsatzformulierungen zum Ausgangspunkt des zu initiierenden Handlungsprozesses, der überhaupt erst noch zu klären ist.

Carol Hagemann-White (2001) merkt hierzu an, dass damit auch ein altes frauenpolitisches Grundverständnis ins Wanken gerät, dass Geschlechterpolitik immer als »Nullsummenspiel« entworfen hat. Danach konnte die Situation der einen nur dadurch verbessert werden, dass den anderen etwas genommen wurde, Privilegien beschnitten wurden. Die einen konnten nur gewinnen, wenn die anderen verlieren. In diesem Denkschema war Frauen- und Mädchenförderung immer gekoppelt an das Bild, dass Männern und Jungen im Zuge von Gleichstellungsansätzen gewissermaßen etwas weg zu nehmen ist oder dass sie zumindest nichts erhalten dürfen. »In diesem eingefahrenen Denken hat sich eingebürgert, die Verwirklichung der Gleichberechtigung zu übersetzen in Frauenpolitik«, die Frauen als bedürftige Klientel zu bedienen hatte (36 f). Dass nun beide Geschlechter als Zielgruppe von Gleichstellungsanstrengungen definiert werden, stellt gewohntes Denken auf den Kopf und gefährdet alte »Besitzstände«.

Schon zu Beginn der 90er Jahre kritisierte Anita Heiliger den Geschlechterparagraphen des KJHG damit, dass er darauf verzichtet, die besondere Benachteiligung der Mädchen unmissverständlich zu benennen, und sie warf dem KJHG vor, dass es »in seiner gesamten Ausführung eine zeitgemäße geschlechtsspezifische Differenzierung schuldig« bleibt, indem es sich auf die allgemein gehaltene Forderung des § 9, 3 beschränkt (Heiliger 1993, 186f). Im Grunde genommen lässt sich die damalige Kritik am KJHG lesen als Vorwegnahme der Kritik am Gender Mainstreaming. Auch im KJHG wurde nur verlangt, Geschlechterungleichheiten in der Jugendhilfepraxis zu berücksichtigen, ohne sich qualitativ zur unterschiedlichen Situation von Mädchen und Jungen zu äußern. Und was schon damals Unbehagen auf Frauenseite erzeugte, tut es auch jetzt. So können wir auf der einen Seite verzeichnen, dass die aktuellen Texte der weiblichen Expertinnen die Doppelseitigkeit der neuen Genderförderung übergehen, auf der anderen Seite gibt es jedoch auch zahlreich massive Abwehrreaktionen, indem die alten »Besitzstände« sozusagen vorauseilend sofort eingeklagt werden – dazu später mehr.

Gender als Tabula rasa

Die Einführung des Gender Begriffes ist jedoch noch aus anderen Gründen beachtenswert. Zwar könnte man einwenden, dass hiermit nur modernistische Anglizismen gepflegt werden, doch lohnt sich ein schärferer Blick. Hinter dem Verschwinden des deutschen Begriffes »Geschlecht« und dem Aufstieg des englischen Begriffes Gender verbirgt sich mehr: es spiegeln sich darin auch die jüngeren geschlechtertheoretischen Debatten wider.

Bekanntlich bietet die englische Sprache eine Unterscheidung zwischen Sex als Bezeichnung des biologischen Geschlechts und Gender als Bezeichnung des sozialen Geschlechts an, die die deutsche Sprache so nicht kennt. Vom »Geschlecht« zu sprechen assoziiert von daher immer ein zweiseitiges, dichotomes Kategorienmodell von Frau und Mann. Weil die Biologie – vermeintlicherweise, aber dies ist hier zunächst nicht weiter von Belang – zwei Geschlechter qua sexueller Körperlichkeit vorgibt, ist die Wahrnehmung und das Nachdenken über Geschlecht zwangsläufig auch auf diese Entweder-oder-Polarität eingespurt. Weil wir diesen biologisch geprägten Begriff von Geschlecht haben, erkennen wir überall zwei Geschlechter, sehen wir sie als klar unterschiedene und als dichotom angeordnete, bestätigt sich diese Zweiheit auch als soziale Realität immer wieder neu, weil wir dies so erwarten. Das vorweg schon Angenommene erkennen wir zwangsläufig überall wieder – das ist nicht nur bei den Geschlechterkonstruktionen so.

Der Einzug des Begriffes Gender transportiert demgegenüber Öffnungen in den Vorstellungen über Geschlecht, ist also durchaus von diskursiver und strategischer Relevanz. Da Gender in Abgrenzung zu Sex auf das soziale Konstruiertsein der Geschlechterkategorie abhebt, da es Geschlechterdifferenzen als gesellschaftlich hergestellte begrifflich fasst, entfernt es sich tendenziell von einem starren dichotomen Geschlechtermodell – zumindest ist diese Bewegungsrichtung potentiell angelegt. Beobachten lässt sich zwar oft genug eine ähnlich vereinfachende, dichotomisierende Anwendung des Gender-Begriffes wie des Sex-Begiffes, doch lässt Gender prinzipiell anderes zu – das ist das entscheidende.

Es schließt von der Idee her ein, dass die Geschlechterkategorie als eine soziale Realität eine dynamische und sich verändernde ist, so wie die gesellschaftlichen Verhältnisse keine festgefügten und dauerhaften sind. Es schließt ein, dass Geschlechtszugehörigkeiten weit mehr Ausprägungen haben können als zwei, dass sie »viele« sein können. Und es schließt ein, dass diese subjektiv unterschiedlich gewichtet sein können. Für jedes Individuum »gibt es eine Vielzahl von identitätsformenden Beschränkungen. Darum muß sich nicht jede Frau mit einer spezifischen Definition von Frau identifizieren, denn je nach Lebenslage sind ganz andere Identifikationen für sie bedeutsam. So kann bei einer Frau ihre Herkunft oder ihr Alter oder ihre sozio-ökonomische Position viel bedeutsamer sein als ihre Identifikation als Frau.« (Stiegler 1999, 127) Identitäten von Frauen und Männern sind »bestimmt durch ein fragiles Konstrukt verschiedener Identitäten, bei weitem nicht und nicht immer durch die Geschlechterdualität« (ebd.).

Gender schließt damit auch ein, dass unsere Gesellschaft keineswegs durch zwei große und eindeutig identifizierbare und durch etwas Gleiches ausgezeichnete Geschlechtergruppen strukturiert ist. Es kann somit auch keine Interessensgleichheiten qua Geschlecht geben. Geschlechterpolitik als Identitätspolitik ist damit fragwürdig, wenn nicht obsolet. Von daher ist es durchaus kein belangloser Zufall oder eine Modeerscheinung, dass im Zuge der neuen Geschlechterpolitik nur noch von Gender gesprochen wird, mehr noch: dass in allen offiziellen Äußerungen sich konsequent geweigert wird, die erwähnte Geschlechterungleichheit, die angegangen werden soll, auch einmal qualitativ zu benennen. Nirgendwo in den programmatischen Papieren findet sich ein Hinweis dazu, wie sich derzeit Frauen- und Männerleben unterscheidet und wo welche Benachteiligungen auftreten.

Diese »Inhaltsleere«, wie sie Martina Liebe als Kennzeichen der neuen Politik konstatiert (2001, 100) hat System: Vermieden wird damit ein Beharren und Verharren in alten geschlechtsspezifischen dichotomen Identitätslogiken, angeregt wird eine innere Beweglichkeit und Suchbereitschaft, immer wieder neu zu klären, was die Geschlechterkategorie konkret ausmacht, wie sich Geschlechterungleichheit konkret zeigt. Sich auf den Gender-Begriff zu beziehen bedeutet, in der Geschlechterpolitik eine neue Offenheit hinsichtlich dessen zuzulassen, was Geschlecht als soziale Differenzierungslinie biografisch und gesellschaftlich bedeutet. Es bedeutet in letzter Konsequenz auch den Verzicht auf Klarheiten und Haltungen des »schon-alles-zu-wissen«. Das beinhaltet z. B. auch den Verzicht auf die Vorstellung, dass die »Frau« eine »– trotz aller Verschiedenheiten – einigende Kategorie, aufgrund entfaltungshemmender, geschlechtsbezogener Festlegungen« darstellt (Brückner 2001, S. 20).

Dies geht jedoch an Grundfeste herkömmlicher, feministisch orientierter Frauenpolitik. Dementsprechend groß sind denn auch das Unbehagen und die Widerstände bei solchen Entwicklungen. Was Angelika Blickhäuser von ihren Erfahrungen als Gender-Trainerin berichtet, scheint von daher symptomatisch: »Die Vermittlung einer Gender-Orientierung, die über die Auffassung von Frauenförderung hinausgeht, ist in der Praxis nicht einfach« (2001, 16). In vielen Texten wird spürbar, wie irritierend der so offen gehaltene Geschlechterbegriff ist. Die Bestrebungen sind massiv, das, was im Genderbegriff gedanklich »aufgemacht« wird wieder auf das Bekannte hin zu schließen.

Ulrike Werthmanns-Reppekus stellt hierzu klar: »Das rigide System der Zweigeschlechtlichkeit in Frage zu stellen ist theoretisch ein interessantes Unterfangen; in der Praxis kann es aber zu fatalen Folgen führen, wenn geschlechterhierarchische Verhältnisse damit vorschnell geleugnet werden« (2002 b, 4). Sicherlich können die Öffnungen diese Folgen haben – und dies ist ernst zu nehmen. Doch zu ihrer Verhinderung dogmatisch auf der Diagnose der Geschlechterhierarchie als unzweifelhafter und letzter Grundwahrheit zu beharren, löst die Sache wohl nicht.

Immer wieder wird bemängelt, dass keine Klarstellung dazu getroffen wird, wie die Geschlechterkulturen »in Hinblick auf eine größere Chancengleichheit der Geschlechter zu verändern sind« (Sammet 2002, 35). Immer wieder wird auch kritisiert, dass keine »normative Orientierung« geboten wird, sondern Gender Mainstreaming als völlig offenes Verfahren propagiert wird (36). Es klingt durch, dass man sich doch explizitere Aussagen wünscht: zum Geschlechterverhältnis, zur Hierarchie, zu den Benachteiligungen, zur Gleichstellung. Gunter Neubauer hält diese Konturenlosigkeit gar für den falschen Weg: »GM (Gender Mainstreaming, L. R.) erscheint manchen (...) vor allem als Aufforderung zu ›nicht-identitärer‹ Pädagogik, die eindeutige geschlechtliche Bestimmungen offen halten soll. Im Hinblick auf aktuelle geschlechtliche Gestaltungen von Jugendlichen, aber auch in Bezug auf die politischen Fragen einer Geschlechterdemokratie greift diese individualisierende Perspektive sicherlich zu kurz.« (Neubauer 2002, 19)

Dies alles verweist auf das, was an vielen Stellen mittlerweile zu lesen ist – nämlich die These, dass Gender Mainstreaming Ausfluss dekonstruktivistischer Theorieentwicklungen in der Geschlechterdebatte ist (Bruhns 1995, Hoppe 2000, Meyer 2001, 2001b). In diesem Theoriekonzept steht die Geschlechterdichotomie als solche zur Disposition. Es radikalisiert damit die Idee von der Vorläufigkeit und Beweglichkeit der Geschlechterkategorie bis hin zur gesellschaftlichen Konstruiertheit der vermeintlich biologischen Grundlage. Geschlecht wird damit nicht nur historisch, gesellschaftlich, sondern auch individuell eine veränderliche Größe. Es ist da und entzieht sich doch gleichzeitig klaren Bestimmungen.

»Mit dem Ansatz des Mainstreaming wird (...) eine Form der Politik forciert, der interessanterweise die Forderung des feministischen Dekonstruktivismus inhärent ist, politische Konzepte jenseits von Identitätspolitik zu entwickeln oder besser: Konzepte zu entwickeln, die zwar die Identitätskategorien zitieren, weil keine anderen zur Verfügung stehen, die aber die Identitätskategorien nicht als fixierte, essentialistische Größen einsetzen. (...) Dies heißt gleichfalls folgerichtig, dass die Differenzperspektive, die eine geschlechtsbezogene Differenz vorab als Raster der Zuordnung und Zugehörigkeit annimmt, negiert wird. Eine Differenz zwischen den Geschlechtern, die man als starre Folienstruktur über die politischen Handlungsfelder legen könnte, wird mit dem Ansatz des Mainstreaming ausgeschlossen. Im Gegenteil: Die Bestimmung geschlechtsbezogener Sichtweisen wird in einem umgekehrten Vorgang differenziert ermittelt. Im Zuge des Mainstreaming wird zunächst ein allgemeiner Blick auf die politischen Handlungsfelder geworfen, danach werden vorhandene geschlechtsbezogene Differenzen analysiert und danach anschließend mögliche Diskriminierungen thematisiert.« (Meyer 2001, 31f)

Was Dorit Meyer hier sehr plausibel vorführt, ist ein Verfahren, das Geschlechterpolitik vor stereotypen Sichtweisen bewahrt und das die Fähigkeit hat, Gender tatsächlich ergebnisoffen zu betrachten. Es ist so in der Lage, vielfältige Binnendifferenzierungen in den Geschlechtergruppen, auch Ungeahntes aufzuspüren. Dennoch erscheint ihre Darstellung gleichzeitig sehr idealistisch. Was prinzipiell notwendig und begrüßenswert ist, scheint doch schwer umsetzbar.

Die Crux liegt darin, dass Gender und Gender Mainstreaming genaugenommen doppelt gebunden ist: Zum einen ist da zwar die Anlage der Offenheit und Flexibilisierung der Genderkategorie, zum anderen ist da jedoch genauso das Fundament einer Geschlechterdichotomie. Letztlich lässt sich für das Gender Mainstreaming Konzept dekonstruktivistisches Gedankengut genauso gut wie differenztheoretisches nachweisen. Denn: »Im aktuellen Diskurs geht es um Männer und Frauen. Es wird von einer ursprünglichen Binarität geschlechtlicher Identitäten ausgegangen. Dabei wird vorausgesetzt, dass diese zwei Identitäten in sich eine Eindeutigkeit, Kohärenz und Widerspruchsfreiheit besitzen« (Möbius 2001, 46). Auch Christina Thürmer-Rohr hebt hervor, dass Mainstreaming »explizit von der Prämisse der Geschlechterdifferenz ausgeht, also von faktischen und weltweiten Unterschieden der realen Situation von Männern und Frauen. Ob als anthropologisches Essential oder als historisches Relikt, ob natürlich bedingt oder herrschaftlich hergestellt – das ›Mainstreaming‹ verlangt die konsequente Berücksichtigung, Würdigung und Einplanung der Unterschiede in allen Politikbereichen« (2001, 35).

Die oben skizzierte Offenheit des Gender-Begriffs im Mainstreamingkonzept ist so besehen nur eine relative, wie dies Dorit Meyer schon oben andeutet, wenn sie darauf verweist, dass bei aller Unbestimmtheit Identitätskategorien dennoch zitiert werden müssen, »weil keine anderen zur Verfügung stehen« (Meyer 2001, 31). Auch Heidrun Hoppe resümiert: »Eine Politik des Mainstreaming basiert im wesentlichen auf Dekonstruktionstheorien, ohne dass differenztheoretische Perspektiven völlig ausgeklammert und vernachlässigt werden« (2000, 19). Das Mainstreaming-Verfahren ist damit eines, das permanent auspendeln muss zwischen der vorausgesetzten Differenzannahme und seiner anvisierten, notwendigen Ergebnisoffenheit. Dieser Spagat ist nicht auflösbar. Er muss jedoch eine ständige Herausforderung bleiben, denn jede Kategorisierung – das gilt nicht nur für die geschlechtsspezifische – konstituiert sich über Ausgrenzungen. »Die Logik der Identifikation hat die Funktion der Bezeichnung, wer zur Gemeinschaft, sei es einer Nation, einer Bewegung oder einer Kategorie von »Frau« oder »Mann«, dazugehört und wer ausgeschlossen werden muss« (Möbius 2001, 47). Von daher ist Stefan Möbius zu folgen, wenn er fordert, immer zu fragen: »Wer sind die von »Gender Mainstreaming« marginalisierten? Wer fällt aus diesem Konzept raus? (...) Wer wird verworfen und welche Sicht auf Geschlechtsidentitäten wird damit zementiert?« (2001, 48). Auch Gender Mainstreaming steht in der potentiellen Gefahr, bestimmte Bedürftigkeiten und Interessenslagen zu übersehen, wenn es nicht gelingt, der Geschlechterkategorie genug Offenheit zu sichern, und stattdessen in das einfache, monolithisch-starre Muster dichotomer Zweiseitigkeit zurückgefallen wird.

Der Hang hierzu ist immer groß. »Es scheint (...) so, dass wir alle sehr bestrebt sind, unsere Welt und Umgebung in Gegensätzlichkeiten einzuordnen«. Dazu gehört dann auch, »Menschen in verschiedene ›Schubladen‹ einzusortieren« (Wick/Neuschwander 2001, 17). Diese »Schubladensysteme« geben einfache und schnelle Orientierungen, reduzieren soziale Komplexitäten auf ein erträgliches, begreifbares und schließlich auch praktisch handhabbares Maß, was wir immer auch brauchen. Vielleicht gehört dies zu den unaufhebbaren inneren Dilemmata der Geschlechterpolitiken, was Susanne Maurer zum Konflikt zwischen Offenheit und Kategorisierungen sagt: »Wenn systematische Aussagen (hier: über die Wirklichkeiten von Mädchen und Frauen) gemacht werden sollen, wenn bspw. die (...) strukturellen Benachteiligungen gekennzeichnet werden sollen, dann drängt sich die kategorisierende Rede von ›Mädchen‹ und ›Frauen‹ geradezu auf« (2002, 315). Es wird also eine Herausforderung für die Zukunft bleiben, hier immer wieder sachdienlich auszubalancieren zwischen zwei widerstrebenden paradigmatischen Bewegungsrichtungen.

Konfliktpunkt: Abbau alter Förderstrukturen

Sichtet man die Literatur zu Gender Mainstreaming, lässt sich nicht übersehen, dass es mit der allgemeinen Konsensfähigkeit dieses neuen Politikkonzeptes nicht weit her ist. Es finden sich zahlreiche kritische Stimmen und Einwände. Unter den angeführten Bedenken nimmt die Annahme, dass mit der Gender-Mainstreaming-Politik die Demontage der bisherigen Frauen- und Mädchenförderprogramme legitimiert und beschleunigt wird, eine besonders prominente Rolle ein – sei es dass entsprechende Befürchtungen formuliert werden, sei es, dass sich auf schon eingetretene entsprechende Entwicklungen berufen wird. Diese Hinweise finden sich so gut wie in jedem kritischen Text.

Dies ist umso bemerkenswerter als schließlich die offiziellen Verlautbarungen zu Gender Mainstreaming »eigentlich« ganz anderes erkennen lassen und sie Gender Mainstreaming immer wieder explizit als Doppelstrategie hinstellen, bei der die alte Frauenförderung sehr wohl erhalten bleiben soll und muss. In einem Dokument des BMFSFJ heißt es hierzu deutlich: »Spezifische Frauenförderpolitik und Gender Mainstreaming sind zwei unterschiedliche Strategien zur Erreichung derselben Zielsetzung, nämlich der Gleichstellung von Frauen und Männern. Beide Strategien sind zur Zielerreichung notwendig und ergänzen sich gegenseitig, sie können sich nicht ersetzen.« (Schweikert 2000, 2)

Identisches lässt sich im Diskussionspapier des BMFSFJ zu Gender Mainstreaming in der Kinder- und Jugendhilfe nachlesen (BMFSFJ 2001). Von amtlicher Seite sind die Bemühungen groß, Gender Mainstreaming als produktive Erweiterung der Gleichstellungspolitik und nicht als Ablösungskonzept darzustellen, das alle bisherigen Förderkonzepte beendet. »Positive Diskriminierungspraxen« der Mädchen- und Frauenförderung sollen auf jeden Fall erhalten bleiben. »Das Mainstreaming-Prinzip darf (...) nicht als Rechtfertigung für die Abschaffung spezieller Gleichberechtigungsmaßnahmen benutzt werden. Gender Mainstreaming heißt keineswegs, dass Forderungen nach Gleichberechtigung mit dem Argument abgetan werden können, die Arbeit für Gleichberechtigung sei doch bereits in allen anderen Aktivitäten enthalten«, stellt der Ausschuss des Europäischen Parlaments für soziale Angelegenheiten 1997 in aller Deutlichkeit fest (zitiert nach: Schunter-Kleemann 2001, 22), und er hat vermutlich gute Gründe gehabt, dies zu betonen.

Dennoch scheinen diese Aussagen nicht zu überzeugen. Offensichtlich sind in der institutionalisierten geschlechterpolitischen Fachöffentlichkeit die Befürchtungen groß, dass sich hinter diesen beschwichtigenden verbalen Ankündigungen letztlich andere, weniger erfreuliche Wirklichkeiten verbergen und perspektivisch durchsetzen werden, dass nämlich der neue Politikansatz als günstiges Vehikel benutzt wird, um Frauenförderstrukturen den Boden zu entziehen. Barbara Stiegler spricht von »Mißbrauchsgefahren« (2000, 26) und schildert kommunale Entwicklungen, bei denen Bürgermeister meinten, den Gleichstellungsausschuss damit abschaffen zu können, dass sie ankündigten, demnächst Gender-Mainstreaming-Prozesse zu etablieren. Barbara Nohr hebt die Gefahr hervor, »dass trotz der Proklamierung von Gender Mainstreaming in allen Politikfeldern eben dieses in der Realität nicht stattfindet, alte Frauenfördertöpfe aber trotzdem gestrichen werden« (2001, 18).

Für die Jugendhilfe kritisiert Norbert Struck (2001), es gäbe mittlerweile einige Anhaltspunkte dafür, dass versucht würde, im Zuge der Etablierung von Mainstreamingprämissen »frauen- und mädchenpolitisch erkämpfte Ressourcen und Räume wieder rückgängig zu machen« (43). Und er verweist kritisch auf die exemplarische Entwicklung im Kinder- und Jugendplan des Bundes, dass noch bevor sich irgendein Ertrag des Gender Mainstreamings in Bezug auf Umorientierungen in den anderen Förderprogrammen zeigt, »schon mal die Mittel des Mädchenprogramms ›gegendert‹, also den Mädchenprojekten zum Teil entzogen und Jungenprojekten zugewiesen« werden (2001, 44). Auch in der Mädchenarbeit finden sich viele entsprechende Problematisierungen. Maria Bitzan und Claudia Daigler warnen davor, dass bereits Veränderungen von Ressortzuschnitten auf Bundes- und Länderebene im Gange sind, Frauenministerien aufgelöst werden und die Stellung von Gleichstellungsbeauftragten gefährdet ist – und dies alles mit der Begründung, »Gleichstellung sei Querschnittsaufgabe und könne nicht länger mehr in die alleinige Verantwortlichkeit von Frauen und Frauenressorts (ab)gelegt werden« (2001, 202). Mit der gleichen Begründung wird Mädchenprojekten die Förderung entzogen (Weber 2002, 728). »Gender Mainstreaming wird dazu missbraucht, ihre Existenzberechtigung in Frage zu stellen, da jetzt die Chancengleichheit als Querschnittsaufgabe verankert und besondere Initiativen für Mädchen und Frauen damit überflüssig seien« (ebd.).

Vor diesem Hintergrund bleibt es nicht aus, dass die fachöffentlichen Beschäftigungen mit Gender Mainstreaming immer wieder in dem Plädoyer enden, die traditionelle Mädchen- und Frauenförderung auf jeden Fall zu erhalten. So kann die Bilanz des Kongresses »Zukunft Europa – Zukunft für Mädchen« 2001 in Berlin für viele andere stehen: »Die Teilnehmerinnen betonen (...) erneut, dass die Intention des Gender Mainstreamings ist, frauenpolitischen Forderungen zu einer größeren Breitenwirkung zu verhelfen und sie aus dem Nischendasein zu befreien, und Gender Mainstreaming somit eine Ergänzung – und keinesfalls ein Ersatz! – der bestehenden frauenpolitischen Instrumentarien ist.« (Weber/Wolff 2002, 192)

Alle diese Äußerungen sprechen eine andere Sprache als die offiziellen, und es ist zu fragen wie es zu dieser Diskrepanz kommt. Wird hier von amtlicher Seite tatsächlich mit gespaltener Zunge geredet? Weiß auf den administrativen Ebenen die eine Hand nicht, was die andere tut? Oder sind die Akteure des Gender Mainstreaming nur zu dumm, um das Prinzip richtig zu verstehen? Oder lässt sich das ganze damit erklären, dass die KritikerInnen möglicherweise nur Wahnbildern aufsitzen? So einfach ist es wohl nicht. Zweifellos haben die kritischen Meldungen ihren Realitätsgehalt, der ernst zu nehmen ist. Unabhängig von der Einschätzungsfrage, wie dramatisch sich diese Abbautendenzen gegen herkömmliche Frauen- und Mädchenförderung zeigen, verweisen sie doch auf einen wichtigen Umstand: Das ganze offenbart Gender Mainstreaming als eine Politik wie jede andere. Auch wenn es sich als sachlich begründetes, qualifizierendes, technokratisch-methodisches und damit interesseloses Instrumentarium präsentiert, ist es durchzogen von Machtdimensionen. Auch wenn es sich den Anschein gibt, apolitisch zu sein, ist es Ort von Interessenskonflikten und Definitionskämpfen, wie schon Bitzan und Daigler diagnostizieren: »Je nach Interessen und gesellschaftlichem Standort wird das Konzept sehr unterschiedlich, zum Teil gegenläufig, rezipiert und umgesetzt.« (2001, 218)

Was gegenwärtig stattfindet, ist somit auch das Ringen um die Definitionsmacht über einen Begriff und die sich darin verbergende gesellschaftliche Gestaltungspraxis. Er hat eben keine objektive und verbindliche Bedeutung für alle, sondern seine Bedeutung hängt davon ab, welche Gruppen sich mit ihrer Auslegung durchsetzen können und werden. Wenn es vielen BeobachterInnen verständlicherweise so erscheint, als wäre die Debatte um Gender Mainstreaming »von einer Reihe von Missverständnissen geprägt« (Braun 2002, 5), ist dies weniger Ausdruck unzureichender rationaler Aufklärung als vielmehr Spiegel laufender Interessenskämpfe.

So kann es passieren und passiert es, dass das Konzept in den Augen der einen Fraktion »missbraucht« wird, dass es »entgegen seinem Wortlaut« ausgelegt wird. In den Augen der anderen Fraktion kann sich dies wiederum ganz anders darstellen. So berechtigt einerseits die Verärgerung über die Infragestellung und Beschränkung mädchen- und frauenspezifischer Förderprogramme ist, so einleuchtend ist andererseits ebenso eine konsequente Mainstreaming-Politik, die ihren Focus vor allem und zuerst auf einen geschlechtergerechten Umbau der umfangreichen Mainstream-Institution richtet und weniger auf die geschlechtsspezifischen Sonderprogramme. Es hat schließlich eine nicht so schnell von der Hand zu weisende Plausibilität, dass eine geschlechtergerechte soziale Infrastruktur sich effektiver herstellen lässt, wenn die »großen« Förderetats angegangen werden als wenn man sich auf die Sicherung der »kleinen« richtet, wie sie die geschlechtsspezifischen darstellen.

Angesichts dessen kann beispielsweise das, was derzeit im Kinder- und Jugendplan des Bundes sich unter der Prämisse des Gender Mainstreamings entwickelt und von mancher Seite kritisiert wird (u. a. Struck 2001), auch versöhnlicher ausgelegt werden. Wenn hier ein mädchen- und geschlechtsspezifisches Förderprogramm kaum noch vorhanden ist und stattdessen die Leitdevise ausgegeben wird, in den großen Programmen des Kinder- und Jugendplans, in denen erheblich mehr Mittel vergeben werden als im Mädchenprogramm, für eine geschlechtergerechtere Ressourcenverteilung zu sorgen, entbehrt diese Argumentation nicht einer gewissen Stichhaltigkeit. Gender Mainstreaming daran zu messen, wie in den sonstigen, bisher »geschlechtsunspezifischen« Förderprogrammen »die Antragslage und die Umsetzung« unter geschlechterkritischen Aspekten aussieht und wie viele Mädchenprojekte es dort gibt (Kupferschmid 2002, 40), hat möglicherweise eine größere Durchschlagkraft und Flächenwirksamkeit als der Ausbau eines geschlechtsspezifischen Programms. Die bei den BedenkenträgerInnen spürbare Angst, dass solche im Prinzip verheißungsvollen und einsichtigen Strategien dann doch im Nichts enden, hat vermutlich viel damit zu tun, dass noch wenig sichtbar ist, welche Steuerungsmassnahmen in diesem Fall ergriffen werden, um Gender tatsächlich konsequent und unnachgiebig im Mainstream der großen Programme zu verankern.

Konfliktpunkt: Ende geschlechtshomogener Förderansätze

Mit den oben skizzierten Bedenken zwangsläufig eng verknüpft ist die Angst, dass Gender Mainstreaming das Ende geschlechtshomogener Arbeitsansätze besiegelt und stattdessen nur noch koedukative zulässt. Als einer von vielen problematisiert Olaf Jantz den möglichen »Wegfall geschlechtshomogener Angebote« (2002, 14), und er entwirft fiktiv die potentielle Argumentationen derjenigen, die Gender Mainstreaming nutzen könnten, Mädchenarbeit und Jungenarbeit zu streichen: »Da wir hier jetzt Gender Mainstreaming machen, also Geschlecht auf allen Ebenen berücksichtigen, brauchen wir keine homogene Arbeit mehr; zumal unsere Jugendlichen ja sowieso koedukativ aufwachsen, ist es auch besser, dass sie ihre Genderkompetenzen im gemischten Alltag erlernen.« (Jantz 2002, 14) Michael Drogand-Strud bringt die Frage auf den Punkt, die viele Fachleute geschlechtsspezifischer Jugendhilfe beunruhigt: Ist »die Einführung von Gender Mainstreaming (...) ein Signal zum Abbau geschlechtsspezifischer Förderungen zugunsten koedukativer Ansätze?« (2001, 25)

Es klingt so gut wie in allen Texten an, die sich mit den Folgen des Gender Mainstreamings für die Jugendhilfe beschäftigen: Die Befürchtung ist groß, dass, weil nun bekanntermaßen immer beide Geschlechter bedacht werden müssen, keine Maßnahme mehr für nur *eine* Geschlechtergruppe durchsetzbar ist. Vermutet wird, dass dies den alten KritikerInnen der Mädchenarbeit und Jungenarbeit eine willkommene Gelegenheit bieten könnte, »unliebsame Ansätze der frauen- und Mädchenarbeit abzuschaffen« (Kaschuba/Huber 2002, 20). Weil jetzt permanent von Frauen *und* Männern, Mädchen *und* Jungen im »Doppelpack« gesprochen wird, scheinen geschlechtsexklusive Angebote und Programme, die explizit und ausschließlich nur einem Geschlecht zu gute kommen, in höchstem Maße gefährdet. Weil die Genderkategorie im Zuge des Gender Mainstreamings jetzt durchgängig nur noch »streng symmetrisch« (Struck 2001, 44) zweiseitig benutzt wird, scheint in diesem Konzept kein Raum mehr für Geschlechterseparierendes zu sein. Die beunruhigenden Zukunftsphantasien gehen dahin, dass Gender Mainstreaming, weil es immer von beiden Geschlechtern spricht, unter der Hand die erst vor kurzem so mühselig errungene geschlechtsspezifische Differenzlinie wieder verwässert: »Verschwinden Mädchen und junge Frauen erneut aus dem öffentlichen Interesse – nun hinter den »Gender-Ansätzen« (Kaschuba/Huber 2002, 20)? Sie beziehen sich auch darauf, dass nun auch die Förderpraxis nur noch als doppelseitige begriffen werden darf, an der an keiner Stelle mehr eine Geschlechtergruppe »bevorzugt« werden darf. Dies liefe auf eine erneute Konjunktur ausschließlich koedukativer Prinzipien hinaus – ein Perspektive, die man doch erfolgreich überwunden geglaubt hatte und die von daher auf viel Abwehr stößt.

Genährt werden solche Befürchtungen durch Interpretationen des Gender Mainstreamings aus dekonstruktivistischen Denkzusammenhängen, die Geschlechterpädagogik und geschlechtshomogene Praxis explizit entkoppeln. Sie gehen davon aus, dass eine im Sinne des Gender Mainstreamings eingeführte Geschlechterperspektive »nicht an konkrete Arbeitsformen gebunden« ist (Meyer 2001b, 7), d.h. ob aus dem Gender Mainstreaming eine geschlechtshomogene oder eine geschlechtsgemischte Praxis als konzeptionelle Antwort erfolgt, »berührt nicht ihren zentralen Punkt« (ebd.). Genährt werden die Befürchtungen aber auch durch Schilderungen von Ereignissen aus dem kommunal- und jugendpolitischen Alltag, wie sie sich nach Einführung der neuen Geschlechterpolitik zeigen. So erwähnt Norbert Struck das Beispiel, dass die Verabschiedung mädchenpolitischer Leitlinien mit dem Argument verhindert wurde, zunächst müssten jungenpolitische Leitlinien erarbeitet sein, »dann könne man beides verabschieden, aber dieser Arbeitsprozess sei leider noch nicht in Gang gekommen. Man könne da nicht anders, denn jetzt herrsche Gender Mainstreaming.« (Struck 2001, 43)

Die beschriebene Unruhe ist deshalb so groß, weil in allen diesen »worst-case«-Visionen Mädchenförderung und auch Jungenförderung auf eine weitere Weise überaus existentiell in Frage gestellt sind. Zu der oben bereits thematisierten drohenden materiellen Austrocknung gesellt sich die konzeptionelle Auslöschung. Ohne eine geschlechtshomogene Praxis, die seit jeher und bis heute ein zentraler Ansatzpunkt und Qualitätsstandard geschlechtsspezifischer Jugendhilfe war und ist, ist keine Mädchenförderung oder Jungenförderung denkbar. Demzufolge wird an vielen Stellen von den bestehenden geschlechterpolitischen Lobbygruppen hervorgehoben, dass Gender Mainstreaming auf jeden Fall diese spezifischen Arbeitsansätze erhalten muss, weil sie unerlässliches Element einer angemessenen geschlechtergerechten Praxis sind. So verlangen Gerrit Kaschuba und Helga Huber die »Anerkennung und Absicherung von geschlechtsdifferenzierender Jugendarbeit« (2002, 22) im Rahmen des Gender Mainstreamings. Ähnliches findet sich bei Drogand-Strud, der die »Anerkennung geschlechtsbezogener Arbeitsansätze als notwendige Interventionsform« in demselben Kontext einklagt (2001, 29).

Diese zahlreich vorfindbaren Forderungen deuten einen neuralgischen Punkt des Gender Mainstreamings in der Jugendhilfe an: Unabhängig davon, wie viel Realitätsgehalt die bedrohlichen Visionen haben, scheint es derzeit eine unauflösbare Kopplung zwischen geschlechtspezifischer Förderung und geschlechtshomogenen Praxisansätzen zu geben. Selbst wenn sich zunehmend Entwicklungen dahingehend abzeichnen, auch einer koedukativen Praxis geschlechtsbewusste Fördermöglichkeiten zuzugestehen, werden entsprechende Äußerungen doch gleichbleibend mit dem konstanten Hinweis auf die Notwendigkeit eines Nebeneinanders koedukativer und geschlechtshomogener Praxis verbunden. Der prinzipiellen Ergebnisoffenheit des Prüfverfahrens des Gender Mainstreamings wird damit bereits eine Maßnahme als Antwort gegenübergestellt. Es scheint ausgesprochen schwer zu sein, Ergebnisoffenheit zuzulassen, weil Interessen im Spiel sind – in diesem Fall der Mädchenarbeit und der Jungenarbeit am Erhalt der Mädchengruppenarbeit und Jungengruppenarbeit – so wie ebenso an anderen Stellen, andere Lobbygruppen Gender Mainstreaming in ihrem Sinne formen wollen.

Potentielle Chancen – ein Resümee

Gender Mainstreaming – dies zeigen die bisherigen Ausführungen – ist ein zwar amtlich verordnetes, aber für die Fachbasis äußerst strittiges Verfahren. Dennoch verspricht es von der Idee her eine Reihe von Vorteilen, die von wesentlichem Gewicht sind:

- Gleichstellung wird zur Aufgabe der ganzen Institution, fällt nicht mehr in die alleinige Zuständigkeit einzelner. Dies kommt den langjährigen Klagen der geschlechterpolitischen KämpferInnen entgegen, die immer schon das »Nischendasein« geschlechtsspezifischer Förderung problematisierten. Das Mainstreaming schließt jedoch nicht aus, dass es weiterhin besondere SpezialistInnen für diese Aufgabe gibt, denn wie jede Aufgabe, so ist auch die der Analyse und Bearbeitung von Geschlechterungleichheiten eine, die ExpertInnenschaft und Professionalisierungen braucht. Mainstreaming heißt nicht, dass alle in einer Institution das gleiche – hier wäre es Gleichstellungsförderung – machen, dass es keine Arbeitsteilungen mehr gibt. Doch die Analyse und Bearbeitung von Geschlechterungleichheiten soll jetzt integraler Bestandteil eines Gesamtkonzeptes sein. Sie soll getragen sein von der ganzen Organisation.
- Gender Mainstreaming versucht damit auch zu verhindern, dass geschlechtsspezifische Förderprogramme ein randständiges, abgekoppeltes Eigenleben führen, das die Normalität in den gesellschaftlichen Institutionen unberührt lässt, dass also ein großer Geschlechterungleichheiten produzierender Mainstream weiter unverändert in den gewohnten Bahnen »fließen« kann und damit die Zielsetzung der Förderprogramme ad absurdum geführt werden.
- Gender Mainstreaming weitet die Geschlechterfrage zu einer doppelseitigen aus, die beide Geschlechter betrifft. Beide Geschlechter sind sowohl Betroffene von Chancenungleichheiten als auch Akteure der Veränderungspraxis. Der konsequente Verzicht auf jegliche Hierarchieparadigmen in der geschlechterpolitischen Argumentationsgrundlage erhöht die Chance, den geschlechterpolitischen Diskurs aus alten konfrontativen Polarisierungen und Exklusionsmechanismen herauszuführen. Es ebnet den Weg für neue Diskursformen und Bündnisse.
- Gender Mainstreaming fordert zum kritischen Umgang mit vorhandenen Wissensbeständen und Problemdiagnosen zu Geschlechterungleichheiten heraus, erzwingt diesen geradezu. Weil gerade nicht von den so klaren und bekannten Phänomenen ausgegangen und stattdessen der »Spieß umgedreht« wird, erhöht sich die Chance, vermeintlich empirische Gewissheiten, die immer weiter getragen werden, auf ihre aktuelle Stichhaltigkeit zu überprüfen. Gender Mainstreaming nötigt zu gewissenhafter Empirie, was die Gender-Debatte bereichern würde. Zu viele Befunde werden zu großzü-

gig gehandhabt: »einige Gedankenfiguren der letzten dreißig Jahre (...) sollten hinterfragt werden (gewalttätige Männer, sanfte Frauen ...). Bestimmte, von einer Veröffentlichung zur nächsten tradierten, pseudoempirische Feststellungen über Geschlechterverhältnisse (z. B. über die Mitarbeit von Männern bei der Kindererziehung; über die Anzahl von Freiern unter der männlichen Bevölkerung etc.), die häufig Einzelstudien oder Dunkelfeldschätzungen aus vergangenen Zeiten entstammen, dürfen nicht ungeprüft tradiert werden.« (Giese 2001, 60)

- Die Tatsache, dass im Gender Mainstreaming ganz neue Akteure in den Untersuchungsprozess einbezogen werden, vergrößert die Chance, Ungeahntes, bisher Übersehenes zu entdecken. Weil mehr und andere als die bisher auf Gleichstellungsfragen Spezialisierten sich der Aufgabe annehmen, nimmt die Wahrscheinlichkeit zu, neue Erkenntnisse zutage zu fördern. Es können in scheinbar »geschlechtsneutralen« Praxen Geschlechtersegmentierungen sichtbar werden, die bis dahin nicht auffällig geworden sind. Es können feinere Differenzierungen, Relativierungen, Korrekturen zu bisherigen Einschätzungen vorgenommen werden. Es können möglicherweise auch gewohnte Bilder zu Ungleichheiten sich entschärfen. Indem zur Bestimmung von Geschlechterungleichheiten die Wissensbestände von vielen und aus unterschiedlichsten Fachlichkeiten herangezogen werden, können Erkenntnisprozesse in Gang kommen, deren Ergebnisse derzeit noch niemand erahnen kann.
- Gleichstellung wird in dieser konzeptionellen und diskursiven Rahmung zu einer permanenten und dynamischen Aufgabe, die im Grunde genommen keinen Endpunkt hat und haben kann. Was Gleichstellung beinhaltet, muss immer wieder kritisch und neu auf dem Hintergrund der institutionellen Gegebenheiten und Lebenswelten der Geschlechter bestimmt werden. Es erhöht sich damit die Chance, Geschlechterrealitäten sachangemessener zu begreifen und ihnen sachangemessener zu begegnen.
- Und ein letztes: Die Leitungs- und Führungsebenen stehen verstärkt in der Verantwortung. Während die Gleichstellungsinitiativen bisher vorrangig Basis-Initiativen oder auch bottom-up-Vorgänge waren, nimmt Gender Mainstreaming vor allem der Leitungs- und Führungsebenen in den Blick. Wohl wissend, dass Veränderungen in Organisationen nur dann Nachhaltigkeit entwickeln können, wenn sie von oben gewollt und gestützt werden durch entsprechende strukturbildende Maßnahmen, favorisiert Gender Mainstreaming eine top-down-Strategie. Auch damit wird ein hoffnungsvoller Gegenimpuls gesetzt zu den langjährigen Klagen der geschlechterpolitischen »KämpferInnen«, die davon berichteten, wie viele Energien wirkungslos verpuffen, wie viele Initiativen spurlos im Sande verlaufen, wie viele Fachkräfte sich kräftemäßig verschleißen, weil ihr Engagement nicht mit der Institution synthetisiert ist, sondern letztlich gegen sie läuft.

Bestandsaufnahme: Gender im Mainstream der Kinder- und Jugendarbeit?

Indizien der erfolgreichen Genderisierung des Mainstreams

Auch wenn Gender Mainstreaming eine relativ junge Entwicklung ist, lässt sich behaupten, dass die Bedeutsamkeit der Geschlechterkategorie und die Forderung nach konzeptioneller und querschnittsbezogener Berücksichtigung dieser in der Jugendarbeit schon eine lange Geschichte haben, in der Palette der Jugendhilfefelder sogar eindeutig die längste. Jugendarbeit – teilweise auch die Jugendsozialarbeit – ist der Leistungsbereich des KJHG, der im Vergleich zu anderen »eine elaborierte und etablierte Praxis zur Gleichstellung von Mädchen und jungen Frauen – bei aller Unterschiedlichkeit im Einzelfall – vorweisen kann« (Liebe 2001, 97).

In den 70er Jahren wurde die Kritik an der Jugendarbeitspraxis, vor allem an der Praxis in den Jugendhäusern, immer lauter. Warum es im Spektrum der damaligen Jugendwohlfahrtsfelder zuerst und bis heute am stärksten die Jugendarbeit war, die einer geschlechterkritischen Betrachtung unterzogen wurde und die geschlechtsbewusste Arbeitsansätze hervorbrachte, dazu steht eine ideengeschichtliche Untersuchung noch aus. Getragen von den Impulsen der neuen Frauenbewegung skandalisierten hier feministische Fachkräfte zuerst und am schärfsten die verdeckte, diskriminierte, marginalisierte und unterdrückte Situation der Mädchen. Angeprangert wurde die Alltäglichkeit und nicht-Beachtung gewaltsamer Übergriffe von Jungen gegenüber Mädchen in den Jugendhäusern. Angeprangert wurde auch die Ignoranz der Institution gegenüber den spezifischen Freizeitbedürfnissen, Biografiekonflikten, Belastungen und Unterstützungsbedarfen von Mädchen, die sich von denen der Jungen unterscheiden. Angeprangert wurde schließlich auch die »Anhängselfunktion« der Mädchen im Jugendhaus – also der Fakt, dass sie zum Jugendhaus nur Zugang als Freundin eines Jungen hatten, was zu Folge hatte, dass sie dort nur eine randständige Position innehatten, das Jugendhaus nicht zu ihrem eigenen Lebensraum machen konnten, über keinen Ort für »weiblichen Eigensinn« verfügten, sondern stattdessen auf männliche Beziehungen angewiesen waren. Dies alles gipfelte in dem Motto: »Jugendarbeit ist Jungenarbeit«. Es wurde sichtbar gemacht, wie wenig die geschlechtsgemischte Jugendarbeitspraxis dazu angetan war, Geschlechtergleichstellung herzustellen.

In der Folge entwickelten feministisch orientierte Mitarbeiterinnen unter den Etiketten der »feministischen«, »parteilichen« oder »emanzipatorischen« Mädchenarbeit neue Konzepte, um Mädchen gerecht zu werden. Zentral waren hierbei die Standards der Parteilichkeit und der Geschlechtshomogenität. Der Grundsatz der Mädchenparteilichkeit war ein offener Affront gegen den Parteilichkeitsbegriff der kritisch-marxistischen Gesellschaftstheorie, der die linke Sozialarbeit zwar dazu aufforderte, sich den sozialen Randgruppen engagiert zuzuwenden, dabei aber die Mädchen und Frauen als Unterdrückte qua Geschlecht in der Regel überging. Indem feministische Mädchenarbeit hiergegen die Mädchenparteilichkeit propagierte, wollte sie nicht nur diese Ausgrenzungsroutinen anprangern, sondern sicherstellen, dass Mädchen Aufmerksamkeit und Unterstützung erhielten. Indem die feministischen Fachkräfte sich weigerten, immer »für alle da zu sein«, sondern sich einer spezifischen Zielgruppe verpflichteten, wurde ein wirkungsvoller Impuls gegen die Nicht-Beachtung von Mädchen gesetzt (Bitzan 1993).

Der Grundsatz der Geschlechtertrennung war die konsequente und naheliegende Antwort auf die Verdrängungsdynamiken, die in geschlechtsgemischten pädagogischen Situationen beobachtet worden waren. Mädchen sollten auf diese Weise einen Schutz- und Freiraum erhalten, indem sie unbelastet durch normierende männliche Blicke agieren und sich entfalten konnten. Er sollte auch ein Ort sein, an dem Mädchen sich aufeinander beziehen konnten statt sich immer über Jungen zu definieren. Das Prinzip der Geschlechtshomogenität betraf auch die Fachkräfte. Mädchenarbeit sollte von Frauen gemacht werden, weil nur sie aufgrund ihrer sozialisatorischen Erfahrungsgleichheit qua Geschlecht Mädchenleben adäquat verstehen können.

Diese geschlechterpädagogischen Debatten veränderten die Jugendarbeitspraxis. Einerseits entstanden eigene Mädcheneinrichtungen, in der Regel initiiert von autonomen Trägern und gedacht als Freizeitorte, die nur Mädchen offenstanden. Die erste Mädchentreff entstand 1978 in Frankfurt/M. (Klose/Weißmann 1996, 66), ihre Zahl stieg bis 1995 bundesweit auf 100 (Sprenkmann/Hörmann 1996, 33). Andererseits wurde versucht, Mädchen in den Jugendhäusern mehr Raum zu verschaffen. Es entstanden Mädchenangebote, Mädchengruppen, Mädchenräume bis hin zu Mädchentagen, an denen das Jugendhaus nur für Mädchen geöffnet ist. Mädchenetats, Stellen für Mädchenarbeit wurden institutionalisiert.

Ende der 70er erschien das erste Buch zur feministischen Jugendarbeit (Savier/Wildt 1980/1977). Es folgten viele weitere. Eine weitere wichtige Zäsur war der »6. Jugendbericht der Bundesregierung« (1984) als bis heute umfassendste empirische Bestandsaufnahme zu Mädchenwelten und zur Situation der Mädchen in den pädagogischen Institutionen. Zur Jugendarbeit resümierte die damalige Untersuchungskommission: »Für die offene Jugendarbeit wie für die Jugendverbandsarbeit ist festzuhalten: Trotz vorhandener Tradition von Mädchenarbeit ist Jugendarbeit in Theorie und Praxis Jungenarbeit geblieben.« (10) Zur Untermauerung wurde auf die niedrigeren weiblichen Mitgliedschaftsquoten in den Jugendverbänden, auf die geringere Präsenz der Mädchen in Leitungsfunktionen, auf die geringere Beteiligung von Mädchen an den Aktivitäten in den Freizeitheimen verwiesen (10). In Konsequenz dessen wurde gefordert: »Die außerschulische Jugend- und Bildungsarbeit mit Mädchen muß daher zunächst in allen diesen Einrichtungen als eigenständiger Bereich anerkannt und abgesichert werden.« (56)

Dies alles sorgte dafür, dass sich mädchenspezifischen Ansätze in der Jugendarbeit durchaus im Laufe der Zeit etablierten, was nicht heißt, dass sie nicht umstritten blieben. Aber es hat sich doch unübersehbar eine gewisse Selbstverständlichkeit dazu eingestellt, dass das Angebotsspektrum der Jugendarbeit auch Mädchengruppenarbeit umfassen sollte. Bei Verbänden, Trägern, in Ländern und einzelnen Kommunen konnte mit Hilfe von Mädchenförderplänen oder Leitlinien Mädchenförderung sogar bis hin zu Mittelquotierungen institutionalisiert werden (Weber 2002, 722 f). Je nach ideologischer Position wird die Tragweite dieser Entwicklungen unterschiedlich eingeschätzt: Für die einen sind sie nur unzureichend, weil geschlechtsspezifische Ansätze weiterhin in der Regel nicht im Mainstream verankert sind, sich trotz aller Normalisierungen dennoch immer wieder legitimieren müssen oder diskreditiert werden. Für die anderen sind sie durchaus nachhaltig, weil Mädchen und eine angemessene Jugendarbeit für Mädchen zumindest thematisiert werden, weil es zahlreiche Orte gibt, in denen Mädchen etwas für sich allein erhalten, an denen sich weibliche Fachkräfte ihnen engagiert zuwenden können.

Die Differenzen hinsichtlich der Einschätzung verweisen auch auf ein empirisches Problem. Schon der 6. Jugendbericht (1984) bemängelte die schlechte Datenlage zur Mädchenfrage in der Jugendarbeit (10). Daran hat sich bis heute nicht viel verändert. Auch derzeit sind kaum »harte« empirische Fakten zum Stand der Mädchengleichstellung in der Jugendarbeit wie auch in der Jugendhilfe zugänglich (Bitzan/Daigler 2001, 57; Werthmanns-Reppekus 2002, 8). Weder die Träger der Jugendarbeit und die Jugendarbeitswissenschaften, noch die Fachfrauen der Mädchenarbeit, »die nicht immer Liebhaberinnen der Empirie sind« (Werthmanns-Reppekus 2002b, 8), erstellen und sichern notwendiges Datenmaterial. Die wenigen vorhandenen regionalen empirischen Studien liegen so weit zurück, dass sie nicht mehr unbedingt als solide Grundlage nutzbar sind (z.B. Schumacher/Trauernicht 1986). Aktuelle Untersuchungen sind selten und zudem regional beschränkt, was ihre allgemeine Verwertbarkeit nicht völlig in Frage stellt, aber doch zumindest relativiert. Dennoch deuten ihre Ergebnisse darauf hin, dass sich Mädchenarbeit zunehmend etabliert hat.

Eine Bestandsaufnahme zur Frauen und Mädchenarbeit in der Sozialen Arbeit in Frankfurt/M. Ende der 90er Jahre konnte belegen, dass die Kinder- und Jugendarbeitsträger die Leistungsanbieter sind, in denen mit großem Abstand zu anderen Arbeitsfeldern die meisten mädchenspezifischen Ansätze zu verzeichnen sind (Brückner/Rose 2002). Eine Jugendbefragung in Aschaffenburg ergab, dass nur geringfügig weniger Mädchen als Jungen Jugendeinrichtungen besuchen (Stegbauer u. a. 1998, 59). Während 41 % der Mädchen dies angaben, waren es bei den Jungen 45 %. Selbst bei den Äußerungen zur Nutzung der offenen Jugendtreffs und der Teilnahme an spezifischen Gruppen- und Vereinsangeboten zeigen sich zahlenmäßig keine Geschlechterungleichheiten (60) – mit einer Einschränkung: Unterrepräsentiert sind ausländische Mädchen und Spätaussiedlerinnen (70). Demgegenüber steht ein anderer Befund. Eine Studie des Bayerischen Jugendrings ermittelte nach den Einschätzungen der Fachkräfte in Jugendzentren, dass in den meisten Einrichtungen die weiblichen Besucherinnen unterrepräsentiert sind (1997). Nur in den Einrichtungen mit Mädchenarbeit sieht dies etwas besser aus: hier erreichen sie zumindest eine Quote von 30 %, die aber immer noch deutlich unter der Jungenquote liegt.

Für den Kreis Herford stellte eine Studie schließlich fest (Krieter 1996, zitiert nach: Weber 1996, 35):

- »Fast in allen Jugendeinrichtungen existieren mittlerweile Mädchengruppen ...
- Etwa die Hälfte der Einrichtungen ist zu bestimmten Zeiten nur für Mädchen geöffnet.
- Etwa ein Drittel der Einrichtungen bietet thematische Veranstaltungen speziell für Mädchen an und/oder verfügt über Konzepte zur Mädchenarbeit.
- In etwa einem Fünftel der Einrichtungen gibt es einen Mädchenraum.
- Die Geschlechterproblematik ist in vielen Teams immer wieder Diskussionsgegenstand.
- Eine ausgewogene Beteiligung von Mädchen ... ist bis heute nicht erreicht: Der Anteil der Mädchen wird durchschnittlich auf 40 % geschätzt.
- Die Sensibilität der Mitarbeiterinnen und Mitarbeiter gegenüber Mädchenbelangen ist gestiegen. Viele von ihnen bestätigen aber, daß räumliche, strukturelle etc. Bedingungen fortbestehen, die Mädchen benachteiligen.«

So bleibt es in der Jugendarbeitsöffentlichkeit weiterhin durchaus strittig, inwieweit inzwischen von der Etablierung einer Mädchenförderpraxis und der tendenziellen Erreichung von Gleichstellung zu sprechen ist. Trotz alledem scheint es gerechtfertigt zu behaupten, dass das Etikett »Jugendarbeit ist Jungenarbeit« aus den 70er Jahren so pauschal heute nicht mehr haltbar ist.

Deutlich zeitversetzt formierte sich auch die Jungenfrage als Teil der Geschlechterfrage in der Jugendarbeit deutlicher. Zwar hatte Mädchenarbeit von ihrem Beginn an die Notwendigkeit einer korrespondierenden, kompensatorischen Jungenarbeit benannt – weil nur durch den Aufbau einer Jungengruppe »die Schwierigkeiten der Jungen in Anbetracht der Mädchengruppe« aufgefangen werden könnten (Savier/Wildt 1980, 169) und weil sich die Lebenssituation von Mädchen letztlich nur wirksam verbessern ließe, wenn Jungen ihre patriarchalen Verhaltensweisen aufgäben – doch waren bis dahin entsprechende Praxisentwicklungen ausgeblieben. Die Forderung nach Jungenarbeit war über den Stand einer programmatischen Formel nicht hinausgekommen. Die geschlechtsbezogene Fachlichkeit in der Jugendarbeit hatte sich lange so gut wie ausschließlich auf die Praxisansätze für Mädchen kapriziert.

Zu Beginn der 90er Jahre rückte allmählich stärker auch die nicht immer erfreuliche Situation der Jungen in den Jugendarbeitseinrichtungen in den kritischen Blick. Wichtige Helfer in diesem Prozess waren die in dieser Zeit zunehmend publizierten Studien zur Jungensozialisation. Was lange Zeit durch das Motto »Jugendarbeit ist Jungenarbeit« verdeckt worden war, nämlich die geschlechtsspezifisch anders, aber nicht minder normierenden und belastenden Lebensrealitäten von Jungen und ihre unzureichende Thematisierung in der Jugendarbeit, wurde jetzt offengelegt.

Diese Jungen-Debatte hatte durchaus reflexhafte Züge: Während zuvor die Beschädigungen der Mädchen skandalisiert worden waren, wurden nun die Verletzungen der Jungen nachgezeichnet, während zuvor nachgewiesen worden war, dass Mädchen in der gängigen Jugendarbeit Entwicklungschancen verweigert wurden, wurde nun belegt, dass auch Jungen in der Jugendarbeit nicht unbedingt das erhalten, was sie brauchen, auch wenn sie nachgewiesenermaßen die Jugendarbeitsangebote zahlenmäßig stärker beanspruchen als Mädchen. Das Argumentationsmuster der Jungenarbeit war dem der Mädchenarbeit nachgeformt. Als Begründung für jungenspezifische Arbeitsansätze diente das Leiden der Jungen an den männlichen Zurichtungszwängen und Selbstentfremdungen. Als Ziel der Jungenarbeit wurde die Freisetzung aus den Rollenbeschränkungen formuliert. Dieses Reflexhafte wurde und wird von Jungenarbeitsexperten sehr wohl kritisch wahrgenommen. So spricht denn auch Berno Hoffmann provozierend von der »Geburt von ›Jungenarbeit‹ aus dem Schoße des Feminismus« (1994, 102) – ein Umstand, der in der Jungenarbeit als fehlende diskursive Eigenständigkeit problematisiert wurde und wird.

War der feministische Paradigmenwechsel noch allein von Fachfrauen getragen gewesen, befand sich demgegenüber die Jungenfrage nicht so eindeutig und ausschließlich in der Hand männlicher Experten. Von Beginn an mischten hier Fachfrauen theoretisch und programmatisch mit. Zu nennen wären hier z.B. die Aufsätze von Ulrike Schmauch (1988) und Annedore Prengel (1990), die sich als zwei der ersten Frauenforscherinnen grenzgängerisch der Situation von Jungen widmeten, oder die jüngste Studie der Frauen- und Geschlechterforscherinnen Cheryl Benard und Edit Schlaffer (2000), in der sie schulische und freizeitpädagogische Programme in den Blick genommen haben – mit dem Ergebnis, dass Jungen zwar großzügig mit Sport und Freizeitangeboten versorgt werden, aber unterversorgt sind, wenn es um ihre persönliche Entwicklung geht.

Dennoch bleibt die Entwicklung und Praktizierung von jungenpädagogischen Praxisansätzen weiterhin exklusiv männliches Terrain. Es ist allgemein Konsens, dass Jungenarbeit sinnvollerweise nur eine Sache von männlichen Fachkräften sein kann und sein soll – sowohl bei Frauen wie bei Männern. Und die Begründungen hierfür sind im Prinzip dieselben wie in der Mädchenarbeit: Jungen können ohne Mädchen leichter über ihre Probleme sprechen, weil sie von Inszenierungsdruck freigesetzt sind, sie können eine andere Männlichkeit nur ausprobieren, wenn sie unter sich sind, und sie sind nur dann gezwungen, Selbstsorge zu entfalten, wenn keine Mädchen mehr da sind, die diese Aufgabe übernehmen (Sturzenhecker 2001, 46f). Wie in der Mädchenarbeit ist auch in der Jungenarbeit der Standard der Geschlechtshomogenität von Beginn an der zentrale, bei dem sich über alle ideologischen und konzeptionellen Unterschiede hinweg doch alle ExpertInnen geschlechtsspezifischer Jugendarbeit einig sind. Dass Jungenarbeit in männlicher Hand bleibt, hat aber auch mit dem Verdacht auf Frauenseite zu tun, dass Mitarbeiterinnen Gefahr laufen, »sich wieder in traditionelle Rollenmuster zu verwickeln«, wenn sie für Jungen Gefühls- und Beziehungsarbeit leisten (Klees u.a. 1989, 14). Von daher müssen sie sich der praktischen Jungenarbeit verweigern.

Die Jungenarbeitsbewegung brachte im Laufe der Zeit zahlreiche jungenpädagogische Praxisansätze hervor – zunächst unter demonstrativen Etiketten wie »antipatriarchale« oder »antisexistische« Jungenarbeit, später unter neutralisierteren wie parteiliche Jungenarbeit oder auch ohne einen Zusatz, wobei die Geschichte der Bezeichnungen immer auch ein spannender Spiegel der Geschichte des geschlechterpolitischen Diskurses ist. Bereits 1989 erscheint das Praxishandbuch zur Jungenarbeit (Sielert 1989). Es folgen weitere (z.B. Winter/Willems 1992, Glücks/Ottemeier-Glücks 1994, Sturzenhecker/Winter 2002). Träger, die sich auf Jungenarbeit spezialisierten, entstanden. Fachveranstaltungen, Fortbildungen, Publikationen nahmen zu. In der offenen Jugendarbeit wie auch Jugendverbandsarbeit installierten Jungenarbeiter Jungenprojekte, Jungentage, Jungen-Events. Es entstanden eigene Netzwerke.

Doch trotz alledem blieb ein Entwicklungsabstand zur Mädchenarbeit erhalten. Bis heute hat die Jungenarbeit nicht das gleiche Gewicht wie Mädchenarbeit, konnte sich Jungenarbeit nicht in gleicher Weise wie Mädchenarbeit institutionalisieren.

Indizien der erfolglosen Genderisierung des Mainstreams

Die skizzierten geschlechterbezogenen Qualifizierungsbemühungen haben dazu beigetragen, dass Geschlechtlichkeit als soziales Ungleichheitsmoment und Biografiegröße nach der Proklamierung der Chancengleichheit durch Koedukation in den 60ern wieder in den fachlichen Blick kam und geschlechterdifferenzierende Konzepte diskutiert und durchgesetzt wurden. Dennoch gilt genauso: Es gibt Unzulänglichkeiten und immanente Begrenztheiten. Es gehört keineswegs zum Mainstream der Jugendarbeit, die eigene Praxis geschlechtsbewusst und geschlechtergerecht zu gestalten. Es ist keineswegs selbstverständlich, das Management von Geschlechterungleichheiten erfolgreich und flächendeckend zum normalen »Alltagsgeschäft« und selbstverständlichen Qualitätsmerkmal in der Jugendarbeit zu machen. Stattdessen zeigt sich gegenwärtig folgende Situation:

- *Geschlechterungleichheiten bei Zielgruppen*
  Zuallererst ist zu diagnostizieren, dass Kinderarbeit und Jugendarbeit trotz aller historischen Annäherungen bis heute Geschlechterungleichheiten in Bezug auf die Zielgruppen aufweisen. Auch wenn nicht zu unterschlagen ist, dass die empirische Datenlage zu Geschlechterdifferenzen in der Kinder- und Jugendarbeit nicht sehr solide ist, gibt es doch immer noch genügend Hinweise darauf, dass Mädchen und Jungen in der Kinder- und Jugendarbeit zahlenmäßig unterschiedlich platziert sind, wobei dies in der Kinderarbeit weniger ausgeprägt ist als in der Jugendarbeit, glaubt man den Praxisschilderungen. Ob diese Ungleichheiten dramatisch sind oder nicht, mag dahin gestellt sein, ihre Existenz ist jedoch nicht völlig abzustreiten. Nicht nur werden die unterschiedlichen Angebote, ob verbandliche oder offene von Mädchen und Jungen unterschiedlich frequentiert – je nach Alter, Bildung, Ethnie, Thema, Setting. Auch lassen sich verschiedene Aktivitätsvorlieben und Freizeitinteressen nachweisen. Für einzelne Jugendhäuser, Jugendarbeitsangebote und Jugendverbände lassen sich gar eklatante Differenzen nachweisen, wobei hier die mit einem männlichen Nutzungsübergewicht häufiger, zumindest in der öffentlichen Wahrnehmung augenfälliger sind – z. B. bestimmte Sportangebote.

- *Geschlechterungleichheiten beim Personal*
  Auch sind die Fachkräfte je nach Geschlecht zahlenmäßig unterschiedlich stark vertreten. »Weit mehr als die Hälfte – mit steigender Tendenz – aller MitarbeiterInnen in den Handlungsfelder der außerschulischen Kinder- und Jugendarbeit sind (...) Frauen – auch in den Jugendfreizeitheimen und -zentren, die bis dato quantitativ immer von männlichen MitarbeiterInnen dominiert waren.« (Pothmann/Thole 2001, 80). Dieser Umbruch ist noch wenig registriert, und es stellt sich die Frage nach der Ursache: Ist es das Hinzukommen der neuen Zielgruppe der Kinder, die dieses Arbeitsfeld verweiblichen lässt? Hier wäre sicher auch noch zu klären, was sich genauer hinter diesen noch recht groben Zahlen verbirgt: In welcher Hand sind die Leitungsstellen, wie sehen bei welchen Fachkräften die Ausbildungsabschlüsse, Stundenkontingente, Bezahlungen, Arbeitsverträge aus?

- *Fachliteratur*
  Fehlendes Gender-mainstreaming zeigt sich auch in der entsprechenden Fachliteratur. Bis heute haben Geschlechterfragen den Charakter von Sonderfragen, die in den Büchern am Rande in einem Exkurs-Kapitel bearbeitet werden oder an einzelne ExpertInnen zur Bearbeitung delegiert werden. Sie werden also bis heute abgesondert, wenn sie auch – das ist die andere Seite der Entwicklung – in der Regel zumindest angesprochen werden. Die anerkannten und profilierten Jugendarbeitsexperten widmen sich dem Thema in der Regel nicht. Dazu kommt, dass diese Experten ausnahmslos männlich sind, nimmt man sich die Autoren der Klassiker und modernen Standardwerke zur Jugendarbeit vor. Wohl nicht zufällig hat dies eine gewisse Parallele zu den Geschlechterverhältnissen in der Jugendforschung, die bis heute – ganz im Gegensatz zur Kindheitsforschung – eindeutig in Männerhand ist.

- *Geschlechtsspezifik = Mädchenspezifik*
  Die Frage geschlechtsbewusster Qualifizierung wird überwiegend als mädchenspezifische verhandelt, d.h. die Benachteiligungsproblematik stellt sich somit als eine dar, die als erstes Mädchen betrifft. Im Zuge dessen ist mädchenspezifische Jugendarbeit zu einem Synonym für geschlechtsspezifische Jugendarbeit geworden. Die Frage nach geschlechtsbewussten Praxisansätzen wird überall selbstverständlich in die Frage nach Mädchenarbeit übersetzt. Dies zeigt: Die Gleichstellungsthematik hat sich in den Fachkreisen als eine einseitige festgesetzt und wird als eine einseitige verhandelt. In den Blick kommt weniger, welches Geschlecht an welchen Stellen weniger Chancen hat, sondern vor allem, wo Mädchen schlechter dran sind. Auch wenn Jungenarbeit und Jungenforschung hier einiges relativiert und dafür sensibilisiert haben, dass auch Jungen von Benachteili-

gungen betroffen sind, dominiert weiterhin das Bild der ungleich verteilten geschlechtsspezifischen Benachteiligungen, von denen Mädchen schärfer betroffen sind.

- *Geschlechtsbezogene Ansätze als Sonderansätze*
  Geschlechtsbezogene Praxisbestrebungen sind zudem ein Synonym für Mädchenarbeit und gegebenenfalls auch Jungenarbeit. Gleichzeitig sind Mädchenarbeit und Jungenarbeit wiederum ein Synonym für Sonderräume, die zeitlich begrenzt und durch Geschlechtertrennung, besondere Inhalte und besondere personelle Zuständigkeiten gekennzeichnet sind. Geschlechtsbewusste Qualifizierungsansätze haben damit bisher einen relativ exklusiven und additiven Charakter. Es ist noch nicht gelungen, sie zum immanenten und integralen Merkmal der Kinder- und Jugendarbeit zu machen. Es gibt keine Idee und keine Auseinandersetzung dazu, wie im profanen – von den Zielgruppen und den Fachkräften her in der Regel geschlechtergemischten – Alltagsgeschäft der Kinder- und Jugendarbeit Gleichstellung auch jenseits der Mädchenarbeits- und Jungenarbeitsgruppentermine zu gewährleisten ist. Zwar hat sich in jüngerer Zeit die Debatte um die Gender-Qualifizierungen in koedukativen Kontexten intensiviert, aber eigentümlicherweise, vielleicht auch symptomatischerweise laufen sie häufig immer wieder auf die Frage der Einrichtung punktueller geschlechtshomogener Räume oder auf die integrative Verwebung von geschlechtshomogener Mädchenarbeit und Jungenarbeit hinaus.

- *Dialogscheu*
  Obwohl Mädchenarbeit und Jungenarbeit als geschlechtsbezogene Ansätze beide das Geschlecht der Zielgruppen ins Zentrum stellen, sind Berührungen gering, geschweige denn, dass systematische Annäherungen und Vernetzungen kultiviert würden. Das Verhältnis von Mädchenarbeit und Jungenarbeit ist gekennzeichnet durch große Vorsicht, vielleicht auch Scheu und Angst voreinander. Nicht nur ließ die Expansion von Jungenarbeit in der Mädchenarbeit die Befürchtung entstehen, dass ihr nun Fördermittel abgezogen würden, die stattdessen der Jungenarbeit zugeleitet würden, auch stand Jungenarbeit angesichts feministischer Beobachterinnen immer unter einem besonderen Beweisdruck, es der Mädchenarbeit »recht zu machen«. Mit einer »Mischung aus Aufmerksamkeit und Kontrolle«, wie es Gunter Neubauer und Reinhard Winter bezeichnen (2002, 24), verfolgt Mädchenarbeit die Entwicklungen in der Jungenarbeit. Ebenso gibt es in der Jungenarbeit ein Tabu, Mädchenarbeit zu kritisieren. In Positionspapieren und Publikationen der Jungenarbeit sind immer wieder die Anmerkungen dazu auffällig, dass man sich als solidarischer Partner von Mädchenarbeit und Mädchenpolitik begreift – Anmerkungen, die Be-

friedungssignalen gleichkommen und die vermuten lassen, dass das Verhältnis zur Mädchenarbeit prekär ist, denn sonst wären diese Signale nicht notwendig.

- *Trivialisierung geschlechtsbewußter Arbeit*
Zu beobachten ist eine ungewollte schleichende »Trivialisierung« geschlechtsspezifischer Praxisansätze (Kuhlmann 2000) – sozusagen als Kehrseite des Bedeutungszuwachses des Gender-Paradigmas. Spätestens seit der Inkraftsetzung des KJHG mit seinem Geschlechterparagrafen gibt es ein Muss zur Anerkennung der Geschlechterproblematik. Wenn dieses auch fachlich begründet ist, entwickelte es eine enorme moralische Wirkungskraft. Kinder- und Jugendarbeit muss sich jetzt geschlechtsbewusst ausweisen. In diesem Ausweisungsdruck wird oft genug der Einfachheit, vielleicht auch der Form halber nach den eindeutigen und überzeugenden Zeichen geschlechtsbezogener Praxis gegriffen: den Mädchen- und Jungengruppen, den Mädchen- und Jungenprojekten, den Mädchen- und Jungentagen. Und so gehören entsprechende Maßnahmen mittlerweile zum selbstverständlichen Programm vieler Kinder- und Jugendeinrichtungen.
Wie sinnig diese Maßnahmen sind, wie sie von der Institution insgesamt getragen sind, wie sie qualitativ gefüllt sind, wie voll sie sind, das ist zweitrangig. Zu vermuten ist auch, dass gerade dort, wo der Ausweisungsdruck durch entsprechende geschlechtsspezifische Quotierungsanforderungen noch einmal verschärft wurde, wie in manchen Kommunen im Zuge der Leitlinienerstellung geschehen, die Wahrscheinlichkeit solcher Erscheinungen noch steigt. Wir haben es also mit einer eigentümlichen Widersprüchlichkeit zu tun: gerade weil das Gender-Paradigma fachpolitisch Konjunktur hat, stehen Mädchenarbeit und Jungenarbeit vermehrt in der Gefahr, zu Formeln im Sinne von »political correctness« zu erstarren – innerlich ausgehöhlt, ohne wirkliches Leben und Qualität.

- *Abwehr der Zielgruppen*
Mädchenarbeit und Jungenarbeit erreichen bis heute nur einen kleinen Teil von Mädchen und Jungen und dies sicherlich nicht allein wegen ihrer geringen finanziellen Ausstattung. Es sind tendenziell jüngere Mädchen oder besonders belastete und marginalisierten weibliche Zielgruppen, die sich in den entsprechenden Einrichtungen und Angeboten finden. Auch wenn es Mädcheneinrichtungen gibt, die von Mädchen intensiv genutzt werden (Graff 1999, Möhlke/Reiter 1995), auch wenn Mädchen begeistert sich zu Mädchenarbeitsangeboten äußern, wird doch ebenso von Fachkräften vermeldet, dass »keine Mädchen kommen«, dass Mädchen Mädchenarbeit als stigmatisierend ablehnen. Norbert Struck weist zurecht darauf hin, dass diese Befunde noch auf ihre »empirische Stichhaltigkeit hin geprüft wer-

den« müssen (2001b, 201). Sie basieren bisher fast ausschließlich auf Erfahrungswissen, was sie zwar damit nicht automatisch falsch werden lässt, jedoch dazu auffordert, entsprechend systematische Untersuchungen hierzu zu machen.

Ähnliche Befunde werden aus der Jungenarbeit vermeldet. Auf der einen Seite gut frequentiert und von den Jungen gewollt, gibt es doch auch die andere Seite, dass Jungen fernbleiben. Es ist also weiterhin eine knifflige und immer wieder frustrierende Aufgabe, passende geschlechtsspezifische Angebote für Mädchen und Jungen zu entwickeln, die den Geschmack der Zielgruppe treffen. Und möglicherweise gibt es auch Mädchen und Jungen, für die trotz aller Bemühungen Mädchenarbeit und Jungenarbeit »nichts ist« – so wie Kinder- und Jugendarbeit schließlich auch nicht von allen Kindern und Jugendlichen genutzt wird.

- *Abwehr der Fachkräfte*

  Dazu kommt, dass geschlechtsbewusste Qualifizierungsanforderungen bei den Fachkräften bis heute auf Widerstand stoßen. Viele – im Grunde genommen wohl die Mehrheit – der Frauen wie auch Männer blieben immer auf Distanz zu diesen Arbeitsansätzen. Auch bei den pädagogischen Nachwuchskräften zeigen sich Desinteresse bis hin zu Abwehr gegenüber Genderfragen. Diese sind letztlich die Sache einzelner Engagierter geblieben. Bestenfalls wird ihr Tun von den Teams akzeptiert, vielleicht auch gestützt. Ansonsten herrschen Stillhalteabkommen und Ignoranz vor. Man lässt die entsprechenden Kollegen und Kolleginnen machen, misst ihrem Tun aber keinen besonderen Wert bei, geschweige denn, dass man es wertschätzt. Offene Konflikte und Konfrontationen – wie noch in den Anfängen geschlechtsspezifischer Jugendarbeit – sind zwar selten geworden, die Abwehr gegen das Thema scheint sich heute eher in Isolationsstrategien zu äußern.

- *Basis-Initiativen*

  Auch wenn in jüngerer Zeit Bestrebungen zunehmen, Gender-Qualifizierungen durch Steuerungen von oben zu fördern, z. B. durch Leitlinien, Quotierungen, Stellenbeschreibungen oder Fortbildungsaufforderungen, entstehen geschlechtsbezogene Arbeitsansätze doch immer noch vorwiegend an der pädagogischen Basis. Es sind in der Regel die Initiativen von einzelnen, in Sachen Gleichstellung aus persönlichen Gründen besonders engagierten, sozialen Fachkräften vor Ort geblieben. Diese Fachkräfte sind es, die als Individuen dafür sorgen, dass Mädchenarbeit oder Jungenarbeit in der Einrichtung stattfindet. Dies bedeutet dann umgekehrt: wenn es solche Individuen nicht gibt, ist das Thema unbearbeitet. So vermeldet dann z. B. das Jugendhaus, dass derzeit keine Mädchenarbeit angeboten wird, weil die

Mädchenarbeiterin gegangen ist, die das gemacht hat. Geschlechtsspezifische Ansätze haben den Nimbus von persönlichen »Steckenpferden«, sind nicht durch die Leitung getragene, institutionalisierte Maßnahmen.

In den entsprechenden Hierarchieebenen der Kinder- und Jugendarbeit findet sich zwar eine offizielle Anerkennung der Leitlinie der Geschlechtergleichstellung, gleichzeitig bleiben aber oftmals offensiv motivierende und gestaltende Förder- und Steuerungsimpulse zur Umsetzung der Leitlinie aus. Immer wieder ist Untätigkeit zu beobachten – sei es, weil anderweitige drängendere Handlungszwänge Priorität haben und das Geschlechterthema abdrängen, sei es auch, weil es versteckte Ablehnungstendenzen gibt, die sich auf diese Weise Ausdruck verschaffen.

Diese Auflistung zeigt: Es gehört keineswegs zum Mainstream der Kinder- und Jugendarbeit, die eigene Praxis durchgängig geschlechterkritisch zu überprüfen und geschlechtergerecht zu gestalten. Es ist keineswegs selbstverständlich, das gleichstellungsfördernde Management von Geschlechterungleichheiten erfolgreich und flächendeckend zum normalen »Alltagsgeschäft« in der Kinder- und Jugendarbeit zu machen.

Schlüsselfragen

Gender Mainstreaming als Methode?

Dieses Fazit wirft die Frage auf, was dem erfolgreichen Gender Mainstreaming im Weg steht und wie es aus dem Weg zu räumen ist. Was ist der Grund dafür, dass die Umsetzung der geschlechterdifferenzierenden Querschnittsaufgabe nur unvollständig geblieben ist, zwar punktuell beeindruckende und wegweisenden Praxisinnovationen hervorgebracht hat, und dennoch immer einen Sonderstatus behalten hat? Soll Gender Mainstreaming gestärkt werden, sind intensive Beschäftigungen mit dieser Frage erforderlich.

In den offiziellen Propagierungen des Konzeptes findet derzeit aber ganz anderes statt. Überall werden schematisierte Ablaufprogramme präsentiert, die versprechen, den angestrebten Prozess erfolgreich zu bewältigen. Es kursieren Leitfäden und »Toolboxes«, die methodische Verfahren zum Gender Mainstreaming anbieten – zu finden z. B. in der Expertise von Ruth Enggruber zum Gender Mainstreaming in der Jugendsozialarbeit (2001, 104 ff). Ein ganz eigener Markt mit großer Nachfrage ist hier entstanden. Arbeitsschritte werden formuliert, die beim Gender Mainstreaming von einer Institution zu durchlaufen sind (zusammengefasst u. a. bei Enggruber 2001).

Ablaufschritte des Gender Mainstreaming

Folgende Phasen sind im Zuge des Gender Mainstreamings zu durchlaufen (vgl. Schweikert 2001, 10):

1. Definition des gleichstellungspolitischen Zieles in Kenntnis des Ist-Zustandes: Hier müssen vorhandene Daten analysiert und das gleichstellungspolitische Ziel der Maßnahme festgelegt werden.
2. Analyse der Probleme und der Betroffenen: Zu klären ist hier, welches – in Bezug auf das konkrete Vorhaben – die Hemmnisse auf dem Weg zu mehr Chancengleichheit sind. Zu klären ist zudem, welche Gruppen von dem Vorhaben genau betroffen sind.
3. Entwicklung von Optionen
4. Analyse der Optionen und Entwicklung eines Lösungsvorschlages: Die in Schritt 3 entwickelten Optionen werden im Hinblick auf ihre potentiellen Auswirkungen auf die Gleichstellung der Geschlechter untersucht und bewertet, um anschließend einen Lösungsvorschlag zu erarbeiten
5. Umsetzung der getroffenen Entscheidung
6. Erfolgskontrolle

Noch reduzierter und damit einfacher präsentiert sich die nur noch dreischrittige »3-R-Methode« (vgl. Brommer 2002, 7):

1. Repräsentation: Hier stellt sich die Frage nach der Geschlechterverteilung in verschiedenen gesellschaftlichen Räumen.
2. Ressourcen: Untersucht wird die Ressourcenverteilung zwischen den Geschlechtern bezüglich Zeit, Raum, Geld.
3. Realisierung: Es werden Konzepte entwickelt zur Veränderung der Rahmenbedingungen für Frauen- und Männerleben.

Bei allen Variationen der methodischen Programme ist ihnen allen doch eines gemeinsam. Sie sind in ihrer Strukturiertheit und Einfachheit im ersten Moment wohltuend und überzeugend. Sie vermitteln den Eindruck, dass Gender Mainstreaming gut handhabbar und machbar ist – man muss nur die einzelnen Schritte gewissenhaft abarbeiten. Hier sind jedoch erhebliche Zweifel angebracht. Bei genauem Blick offenbart jeder der Schritte eine Unzahl von Ungereimtheiten und Konfliktstellen. Bezeichnend ist vor allem auch, dass insbesondere die Ebene der Umsetzung so auffällig leer bleibt, wie Sandra Smykalla und Sandra Kotlenga nachweisen (2001, 27). Während differenzierte Instrumente zur Analyse des Ist-Zustandes, zur Prüfung alternativer Optionen bis hin zur Evaluation der eingeleiteten Maßnahmen geliefert werden, wird nichts zur Umsetzung dieser Analysen in politische Entscheidungen gesagt. Im o.g. 6-Punkte-Programm des Bundesministeriums (Schweikert 2001) finden sich zum 5. Schritt »Umsetzung der getroffenen Entscheidung« als dem einzigen überhaupt keine erläuternden Ausführungen. Dies ist kein Zufall, sondern hat etwas Symptomatisches. Es verweist darauf, dass man sich scheut, den eigentlichen Dreh- und Angelpunkt des Mainstreamingprojektes wahrzunehmen und zu benennen. Denn genau an diesem Punkt entscheidet sich letztlich das Ergebnis dieses Prozesses.

Dies alles hat zudem auffällige Parallelen zu anderen Entwicklungen in der Jugendhilfe. Seit einigen Jahren wird beispielsweise in der Spielraumplanung das Konzept der Betroffenenpartizipation forciert. Im Zuge dessen boomt der Markt an Partizipationsmethoden. Bücher, Broschüren, Tagungsdokumentationen häufen sich, in denen Verfahren beschrieben werden, mit denen Kinder ihre Bedürfnisse an die öffentliche Raumgestaltung sichtbar machen können. Anbieter spezialisieren sich auf dieses Feld. Mittlerweile lassen sich viele kommunale Projekte finden, in denen auf originelle und fachlich beeindruckende Weise Kinderpartizipation realisiert wurde. Doch größtenteils enden sie mit der Präsentation von Gestaltungsideen in Bildern oder plastischen Modellen. Was mit diesen Vorlagen dann im weiteren Verlauf im politischen und bürokratischen Apparat passiert, was aus ihnen wird, wenn sie auf andere Interessengruppen, kommunalpolitische und stadtplanerische Regelwerke und Machtmechanismen stoßen, dazu ist die Literatur und der Fachdiskurs eher dürftig. Und nicht unzufällig entstehen dann auch an dieser Stelle die frustrierenden Erfahrungen für solche Partizipationsprojekte – dann nämlich, wenn eben von dem, was Kinder formuliert haben nur wenig oder auch nichts umgesetzt wird.

Nicht nur dieses Beispiel kann uns lehren: Den Prozess der Durchdringung des Mainstreams der Kinder- und Jugendarbeit durch die Gleichstellungsleitlinie zu veralltäglichen und zu institutionalisieren kann sich nicht darin erschöpfen, formalisierte und von oben angewiesene Check-, Quotierungs-, Entwicklungs- und Evaluationsprogramme in Schulungsmaßnahmen zu vermitteln und in den Einrichtungen zu installieren. Diese Stimmungstendenz lässt sich derzeit an vielen Stellen beobachten. In Kurztrainings werden Führungskräfte in den Jugendämtern und bei Jugendhilfeträgern mit den Methoden durch »Flying Experts«, die meist aus der Organisations- und Personalentwicklung stammen, vertraut gemacht (Voigt-Kehlenbeck 2001, 8). Der fachpolitische Diskurs zur Geschlechterfrage bleibt dabei ausgeblendet. Kontroversen, die da sind, können nicht platziert und schon gar nicht ausgetragen werden.

Auch wenn es zweifellos Sinn macht, die gewünschten Qualifizierungsprozesse zu systematisieren und zu operationalisieren, birgt das ganze doch die Gefahr, hinter der Suche nach administrativen und methodischen Werkzeugen entscheidende inhaltliche Fragen zu vergessen, vielleicht auch: diese Fragen gezielt zuzudecken. Jedenfalls fällt auf, dass in kürzester Zeit ein reichhaltiges Angebot methodischer Programme entstanden ist, was die Illusion schneller und eigentlich einfacher Machbarkeit nährt. Erfolgreiches Gender Mainstreaming wird hiermit unter der Hand allein zu einer Frage des richtigen Verfahrens. »Es wird suggeriert, dass die methodische Vorgehensweise klar strukturierter Abläufe bereits die Umsetzung garantiere.« (Smykalla/Kotlenga 2001, 27) Ein hochkomplexes, von widersprüchlichen Interessen durchzogenes Unterfangen wird reduziert auf einen sachlichen, formalisierbaren Qualitätssicherungsprozess. Es wird naiv vereinfacht und entpolitisiert. Smykalla und Kotlenga kritisieren zu Recht: »›Gender Mainstreaming‹ weist hier eine Methodengläubigkeit auf, die das konflikthafte Potential in jedem der (...) Entscheidungsschritte auf unzulässige Weise glättet.« (27)

Dies hat möglicherweise durchaus System. Denn: Das von Smykalla und Kotlenga angedeutete »konflikthafte Potential« erfolgreich zu bändigen, es so zu bearbeiten, dass es – was sehr wahrscheinlich ist – das Gender Mainstreaming eben nicht blockiert, das ist wohl die eigentlich diffizile Aufgabe. In den methodischen Szenarien bleibt dieses »Eigentliche« bisher außen vor. Dieses »Eigentliche« umfasst eine Reihe von Fragen, die bislang selten gestellt werden, geschweige denn: dass sie gelöst wären.

Wie lassen sich Institutionen für Gender Mainstreaming öffnen?

Gender Mainstreaming will eine geschlechterpolitische Strategie sein, die von einer ganzen Organisation getragen ist und sehr viele mehr Akteure als bisher »ins Boot« holt. Was von allen Seiten verständlich begrüßt wird, lässt aber hinter dieser sympathischen Grundsatzformulierung völlig offen, wie dieses breite Bündnis denn überhaupt herzustellen ist. Wie ist sicherzustellen, dass sich die Jugendhilfe, genauer: die in ihr tätigen Menschen – ob in der Leitung oder an der Basis – sich für die geforderten Gender-Mainstreaming-Prozesse überhaupt öffnen?

Es funktioniert bekanntlich doch keineswegs so, dass eine Gender-Schulung, eine Anweisung von Vorgesetzten, eine Leitlinienformulierung oder eine neue Regel zur Mittelvergabe ausreichen, um die Bereitschaft zu entwickeln, mit der eigenen Arbeit Gleichstellung zu befördern. Vielmehr ist dies alles dazu angetan, Widerstandshandlungen zu provozieren. Es gibt viele wirkungsvolle Praxen, in einer Organisation »hintenrum« das wieder zu unterlaufen, was offiziell angewiesen ist, aber nicht gewollt ist. Eine Institution kann die neue geschlechterpolitische Herausforderung umgehen, »indem sie sich vordergründig auf Gender Mainstreaming einstellt, indem z.B. Anträge, Konzepte und Evaluationsberichte geschickt umgeschrieben werden, ohne dass wirkliche Veränderungen der Praxis vorgenommen werden. Diesbezügliches Geschick hat sich in der Folge der Neuen Steuerung und veränderten Förderungspolitik inzwischen notgedrungen entwickelt.« (Scherr 2001 c, 51) Veränderungen jedweder Art werden in Institutionen in der Regel misstrauisch beäugt, weil Routinen, in denen man sich in der Regel gut eingerichtet hat, verstört werden. Dies ließ sich schon bei der Implementierung von anderweitigen Qualitätssicherungsmaßnahmen beobachten. Von daher ist auch beim Gender Mainstreaming die Gefahr groß, dass diese Offensive »als eine weitere externe Veränderungszumutung in ohnehin schwierigen Zeiten erlebt« wird (Scherr 2001 b, 84). Damit steigt auch das Risiko, dass bei den Fachkräften Abwehrhaltungen statt Einsatz am Ende dieses Prozesses herauskommen.

Der Erfolg des neuen Konzeptes hängt jedoch ganz elementar von der Zustimmung und Mitarbeit der Akteure in der Kinder- und Jugendarbeit ab – ansonsten ist nichts gewonnen gegenüber bisherigen Zuständen. »Organisationen sind nur dann in der Lage, Geschlechterunterschiede innerhalb der Organisation selbst sowie auf der Seite ihrer AdressatInnen mit einiger Tiefenschärfe zu beobachten und zu berücksichtigen, wenn die MitarbeiterInnen prinzipiell in der Lage und bereit sind, diese wahrzunehmen und mitzuteilen. (...) Ohne die eigenmotivierte Mitarbeit der MitarbeiterInnen geraten Programme der Veränderung von Organisationen mit hoher Wahrscheinlichkeit ins Stocken oder werden konterkariert.« (Scherr 2001b, 83)

Diese Eigenmotivation ist derzeit weder gegeben noch gibt es Überlegungen dazu, wie sie zu erzeugen ist. Wie ist zu verhindern, dass die neue Aufgabe als weitere Zumutung, vielleicht auch als entwürdigender Unterwerfungsakt erlebt wird, gegen den man sich verständlicherweise dann sperrt? Wie ist zu sichern, dass eine Win-Win-Situation für alle Beteiligten entsteht, wie sie Gender Mainstreaming für sich beansprucht (Schunter-Kleemann 2001, 21). Wie ist es möglich zu machen, dass Fachkräfte sehen können, dass sie ihre Arbeit auf diese Weise qualifizieren? Dies sind im Grunde genommen »uralte« Fragen des geschlechterpolitischen Diskurses in der Jugendhilfe. Schon immer hätte man in den entsprechenden Fachkreisen gerne gesehen, dass sich mehr als einige Feministinnen und ein paar Jungenarbeiter der Aufgabe der Gleichstellung annehmen. Und schon immer war es so, dass dies nicht gelang. Solange diese Aufgabe nicht geklärt ist, solange bleiben alle noch so technisch ausgereiften Implementierungsinstrumentarien ohne Wert und Wirkungskraft.

Besondere Aufmerksamkeit kommt in diesem Zusammenhang auch den Gender-Schulungen zu, die allenthalben als »Zauberwort« gehandelt werden. Sie sollen den angestrebten Prozess in den Institutionen in Gang bringen, werden als zentrale Initiationsinstanzen für das Neue entworfen. Im Zuge der Etablierung der Gender-Mainstreaming-Vorgabe »sprießen« diese Schulungen überall aus dem Boden und haben einen lukrativen Fortbildungsmarkt entstehen lassen. Diese Trainings werden in allen offiziellen Dokumenten als selbstverständliches Instrument angesehen, um zum einen für die Bedeutung der gestellten Aufgabe angemessen zu sensibilisieren und zum anderen die notwendige Sachkompetenz zu vermitteln. Was zunächst schnell einleuchtet – denn wer will abstreiten, dass Weiterentwicklungen des Personals Fortbildungen benötigen –, entpuppt sich jedoch bei näherem Blick als Terrain voller Fallen. Denn: völlig offen, unbearbeitet und unkontrolliert ist, wie genau die Gender-Schulungen gestaltet sein müssen, damit sie die gewünschte Sensibilität und Kompetenz auch tatsächlich hervorbringen. Schulung zum methodischen Instrument zu erklären, sagt letztlich noch so gut wie gar nichts zum Inhalt. Eine Schulung führt schließlich nicht per se zum erklärten Ziel, sondern kann – trotz aller guten Vorsätze bei den Schulenden – Langeweile, Genervtheit, schlimmstenfalls Abwehr bei den Geschulten hinterlassen. Sie garantiert also keineswegs die gewünschten Effekte, nur weil sie stattfindet.

Ein Problem dabei ist, dass es keineswegs ein klar kanonisiertes, universal gültiges Paket »Gender-Wissen« gibt, dass nur vermittelt werden muss, um die gewünschten Effekte beim Personal in Gang zu bringen. Das Gender-Thema ist vielmehr aufgeladen mit Emotionen, mit biografischen Abgrenzungspraxen und Selbstidentifikationen, mit Erlebnissen politischer Kämpfe, mit Gesinnungsbotschaften und Moralisierungen. Es ist durchzogen mit inhaltlichen Kontroversen und ein andauernder Suchprozess. Es gibt »keine Wahrheiten« und »kein widerspruchsfreies Fachwissen« (Voigt-Kehlenbeck 2001, 9), auch wenn dies gerne suggeriert wird. Es ist also ein hochbrisantes Feld. Von daher plädiert Albert Scherr (2001b) dafür, die Trainingsmaßnahmen als »offenes Lernfeld« und nicht als monologische Unterrichtung zu gestalten. Dies erhöht die Chance, dass all das, was die einzelnen Beteiligten zum Thema »mitbringen«, Raum finden kann. Denn eines erscheint plausibel: Gelingt es nicht, dass sich die SchulungsteilnehmerInnen mit ihren eigenen »Gender-Geschichten« ernst genommen fühlen können, ist die Wahrscheinlichkeit groß, dass sie innerlich unbeteiligt bleiben. Dies gilt für alle Bildungsprozesse.

Die Trainings offen zu konzipieren, dafür sieht Scherr gute Chancen. Angesichts dessen, dass die Programmatik des Gender Mainstreaming – wie weiter oben bereits angesprochen – auf »eindeutige Vorabfestlegungen« zur Geschlechterdifferenz und ihren Folgen und Benachteiligungen verzichtet (85f), ist der Boden günstig dafür bereitet, die Schulungen als Ort der lebendigen dialogischen Auseinandersetzung statt der einseitigen Wissensvermittlung zu gestalten. »Im Hinblick auf die Aus-, Fort- und Weiterbildung bietet ... gerade dieser Verzicht auf starre Vorgaben und als verbindlich erklärte normative Setzungen die Chance, Gender Mainstreaming als offenes Lernfeld zu etablieren, in dessen Rahmen unterschiedliche Wahrnehmungen und Sichtweisen der Ausprägung und Relevanz von Gender in der Arbeitsfeldern der Kinder- und Jugendhilfe artikuliert und diskutiert werden können.« (86) Nur eine solche Schulungsgestaltung, in der »eigene berufliche und ggf. auch persönliche Erfahrungen und Wahrnehmungen vor dem Hintergrund der fachwissenschaftlichen Forschung ohne normative und moralisierende Überlagerungen analysiert werden können, bietet die Möglichkeit, eine breite fachöffentliche Verankerung dieser Thematik herbeizuführen« (86).

Was ist das Ziel?

»Gender Mainstreaming ist, wie andere *Qualitätssicherungsverfahren* auch, zunächst *inhaltsleer*« (Liebe 2001, 100), darauf wird an vielen Stellen verwiesen. Mit Gender Mainstreaming werden lediglich ein gewünschtes Verfahren und ein gewünschtes Grobziel benannt, aber »keine Inhalte, keine Richtung« (Nohr 2001, 18). Die einen sprechen von der Herstellung von Chancengleichheit, so das BMFSFJ in seiner Leitlinie zum Gender Mainstreaming im Kinder- und Jugendplan des Bundes (2001), die anderen von Gleichstellung. In der EU wird die Gleichverteilung bezahlter Arbeit angestrebt, in Deutschland gibt es Fraktionen, die die traditionelle Arbeitsteilung durchaus auch unter der neuen Gender-Mainstreaming-Prämisse für vertretbar halten. Ruth Enggruber rekonstruiert (2001, 20ff), dass letztlich nicht nur unklar, sondern auch widersprüchlich ist, welches das Ziel des Gender Mainstreamings sein soll.

Selbst wenn wir uns, was nahe liegt, in der Kinder- und Jugendarbeit an der Zielformulierung des Geschlechterparagrafen des KJHG orientieren, bleibt alles offen. Denn: Wer ist wo wie benachteiligt? Was heißt Berücksichtigung von geschlechtsspezifisch unterschiedlichen Lebenslagen. Und wann tritt Gleichberechtigung ein? Gleichstellung oder Chancengleichheit sind zwar als abstrakte Formulierungen plausibel und überall konsensfähig, werden jedoch in dem Moment nebulös, wenn sie konkreter bestimmt werden sollen.

Die kritische Frage ist: Was sind die empirischen und normativen Grundlagen zur Bestimmung von Ungleichheiten und Benachteilungen, die im Prozess des Gender Mainstreaming stattfinden soll? Sind es quantitative Präsenzen in gesellschaftlichen Feldern, was noch relativ einfach zu handhaben ist, aber auch nicht immer überzeugt? Oft genug verkommt es schließlich zur dumpfen »Erbsenzählerei«, bei der inhaltliche Debatten ausbleiben (Voigt-Kehlenbeck 2001, 8). Zweifelsohne sind solche Maßzahlen ein erster wichtiger Anhaltspunkt, die eigentliche Schwierigkeit beginnt jedoch dort, wo die Zahlen zu bewerten sind.

Was bedeuten Zahlen?

Können wir sagen, dass in den Kunstschulen- und Kulturzentren kein Gender Mainstreaming mehr betrieben werden muss, weil dort 53% Mädchen vertreten sind (Weber 1999, 35)? Stellt es tatsächlich eine problematische Chancenungleichheit dar, dass beispielsweise in den Angelvereinen kaum Mädchen sind, dass sie auf den LAN-Partys nicht anzutreffen sind. Und für wen ist es eigentlich eine Chancenungleichheit, dass der Fußball von Jungen dominiert ist – für die Mädchen, weil ihnen offenbar der Zugang zu diesem Sport erschwert wird, oder für die Jungen, weil sie auf diese »Bolzerei« angewiesen sind und immer wieder kulturell darauf verwiesen werden? Stellt es möglicherweise ein weibliches Privileg dar, dass sich Mädchen »der Borniertheit und dem Stumpfsinn des Sports besser entziehen können«, formulierte schon die Sportwissenschaftlerin Anke Abraham ketzerisch (1998, 35), und sie verdeutlichte mit dieser gedanklichen Provokation, wie knifflig letztlich die Ungleichheitsdiagnosen sind.

Und müssen wir nicht noch ganz andere Dimensionen als Präsenzzahlenwerte als Maßkriterien einbeziehen: das erlebte Wohlbefinden, der Gesundheitsgrad, das Ausmaß der Macht und Handlungsoptionen, der Besitz ökonomischen, sozialen und kulturellen Kapitals? Welches sind hier die Maßkriterien? Und was ist, wenn die Machtfülle und die großzügigen Handlungsoptionen, die Männern unterstellt werden, gleichzeitig zu erhöhten Belastungen, Stress und zu geringerem Wohlbefinden führen, wie auch zu beobachten? Was ist, wenn wir sehen, dass die einerseits privilegierte männliche Geschlechtergruppe gleichzeitig auch an den äußersten Rändern der Gesellschaft überrepräsentiert ist, z. B. in den Gefängnissen, auf der Straße (Farrell 1995). Was ist, wenn wir die männliche Geschlechtergruppe zwar nachweislich zahlenmäßig überproportional in vielen gesellschaftlichen Machtpositionen finden, sie aber genauso vermehrt bei den Arbeitstätigkeiten zu finden sind, die als »Dreckarbeiten« verrufen sind, bei denen der eigene Körper ruiniert wird oder auch das eigene Leben riskiert werden muss? Je nach Interessenslage wird mal das eine zum Kriterium für Privilegierung erklärt, mal das andere. Noch schwieriger wird es, wenn verschiedene Benachteiligungen gegeneinander aufgerechnet werden müssen. Besteht unter dem Gesichtspunkt des Gender Mainstreaming z. B. zuerst Handlungsbedarf bei den Jungen hinsichtlich ihrer nachgewiesenen schwächeren Lesekompetenz oder ist es drängender, Mädchen in den mathematisch-technischen Fächern zu fördern. Oder muss bei beiden ein bisschen gemacht werden?

Welchen Stellenwert haben bei diesen Gender-Analysen die verschiedenen Kapitalsorten, mit denen Individuen sich im sozialen Raum positionieren, die Pierre Bourdieu herausgearbeitet hat (1983): Kulturelles, soziales und ökonomisches Kapital sind nicht nur nicht identisch, sie sind auch unterschiedlich zugänglich, sind in unterschiedlichen Situationen unterschiedlich von Wert und unterschiedlich einsetzbar, sind unterschiedlich gegeneinander eintauschbar. Die Anordnung der einzelnen in gesellschaftlichen Hierarchien, die Statusmarkierung von Individuen und Gruppen, ihre sozialen Auf- und Abstiege sind damit Ergebnis diffiziler »Verrechnungsprozesse« zwischen des eingesetzten Kapitalsorten, ihren Wertsteigerungen und Wertverlusten, bei denen nicht *ein* Kapital auszumachen ist, das alles entscheidend ist und bei denen es auch nicht *die* Machtposition gibt, sondern soziale Differenzen und Hierarchien in verschiedenen gesellschaftlichen Räumen verschieden ausfallen können. Dies alles zeigt an, dass sich hinter der einfach daherkommenden Formel »Analyse von Geschlechterungleichheiten« eine Menge weiterer Debatten verbergen. Daten zu erheben ist ein unerlässliches Werkzeug, doch die Bedeutung der Zahlen bleibt gebunden an einen diskursiven Prozess.

Ebenso unklar – und das hängt mit dem ersten Punkt zusammen – ist, wie die Herstellung von Chancengleichheit zu erreichen ist. »Was passiert denn, wenn festgestellt wird, dass beispielsweise die Altersarmut weiblich ist, dass nach wie vor kaum Männer Erziehungsurlaub nehmen ... und dass Frauen in Führungspositionen extrem unterrepräsentiert sind?«, fragt Barbara Nohr kritisch (2001, 18). Darin stecken zwei Teilfragen: zum einen die Frage danach, wie sich Chancengleichheit bestimmt, zum anderen die Frage danach, was zu tun ist, welche Praxismaßnahmen sinnvollerweise erfolgen sollen.

Heißt Chancengleichheit, dass man dafür sorgen muss, dass überall beide Geschlechter zahlenmäßig gleich stark vertreten sind? Um es ketzerisch zu machen: heißt es, dass auch in den Sonderschulen, Hauptschulen und Sozialen Trainingskursen genauso viel Mädchen vertreten ein müssen? Oder heißt Chancengleichheit, dass beiden Geschlechtergruppen die gleichen Mittel zufließen, dass z. B. die Jugendarbeitsförderung quotiert Mädchen und Jungen zukommen muss? Oder gibt es noch andere Bestimmungsmerkmale? Was noch verwickelter ist: Welche institutionellen Initiativen, welche praktischen Handlungen müssen erfolgen, damit Chancengleichheit erreicht wird? Sind jetzt die alten geschlechtsspezifischen Förderprogramme zu installieren? Oder sind andere Maßnahmen möglicherweise noch effektiver? Hier schließen sich viele weitere Fragen an.

Gender Mainstreaming ersetzt also nicht die Auseinandersetzung darüber, in welcher Weise die Geschlechterverhältnisse zu gestalten sind. Und dies ist gut so. Die »Kriterien zur Anwendung dieses Verfahrens müssen normativ für die jeweilige Organisation ausgehandelt werden« (Sammet 2002, 26). Das Gender-Mainstreaming-Konzept gibt sie nicht konkret vor. Sie müssen »von außen in dieses Verfahren eingeführt werden, z. B. aus den Fachdiskussionen, der Reflexion des Entwicklungsstandes der Praxis, aus der Bewertung der Lebenslagen der AdressatInnen, unter Bezugnahme auf die Aufgabenstellung und rechtlichen Rahmen des jeweiligen Handlungsfeldes, aus politisch ausgehandelten Realitätsdeutungen und Bedarfsdefinitionen« (Liebe 2001, 100). Gender Mainstreaming beendet damit keineswegs die schon so lange andauernden Streitigkeiten um die Geschlechterfrage, wie manche insgeheim gehofft haben mögen, weil sie des Streitens müde sind. Es führt sie stattdessen fort, macht sie vielleicht sogar noch einmal besonders intensiv.

Immer wieder ist diese inhaltliche Unbestimmtheit des Gender Mainstreamings kritisiert worden. Doch muss sie wohl eher als ein entscheidender Gewinn begriffen werden. Zwar handeln wir uns damit langwierige und manches Mal auch unerfreulich-nervige Auseinandersetzungen ein, doch ist auf diese Weise garantiert, dass die Geschlechterfrage diskursfähig bleibt. Gleichstellung ist damit ein Thema, das eben immer wieder zwischen den verschiedenen Interessengruppen ausgehandelt werden muss. Und es ist etwas, das ganz unterschiedliche Praxen hervorbringen kann, die ihren je eigenen Nutzen haben können. Eine normative Ausformulierung der Geschlechterungleichheiten und des Mainstreaming-Ziels würde letztlich das Ende eines Diskurses bedeuten. Dass Gender Mainstreaming weder die Geschlechterungleichheiten noch das Gleichstellungsziel inhaltlich ausfüllt, dass es keine konkreten Vorgaben macht, sichert erst den Raum für dialektische Weiterentwicklungen. Wohin entsprechende normative Festlegungen führen können, war schließlich in der Vergangenheit in den Ostblockländern zu verfolgen, in denen Geschlechterpolitik zu einer starren Praxis wurde, die fraglos ihre Erfolge zu verbuchen hatte, aber reduziert blieb und viele Ungleichheitsdimensionen außer acht ließ.

Wo ist die Perspektive der Zielgruppen?

Die Auseinandersetzungen um Genderfragen finden in den Fachszenen statt, in der Regel abgekoppelt von den Zielgruppen, für die dies letztlich von Gewinn sein soll. Dass dabei z. T. regelrecht an den Zielgruppen vorbeigearbeitet wird, offenbart ein kritischer Blick auf die bisherige geschlechtsspezifische Praxis der Kinder- und Jugendarbeit. Mädchenarbeits- und Jungenarbeitsangebote werden nicht immer angenommen, d. h. sie passen – trotz allen guten Willens – nicht unbedingt immer. Es kommt also vor, dass das, was ExpertInnen entwickeln, nur unzureichend aufgenommen hat, was bei den Zielgruppen an Bedarfen vorliegt.

Auch das Gender Mainstreaming kommt zunächst einmal als Verfahren daher, das sich an die professionellen Akteure, vor allem an die Führungskräfte in Institutionen richtet. Sie sollen ihre Praxis geschlechterkritisch prüfen. Von den AdressatInnen der institutionellen Innovationen ist nirgendwo explizit die Rede. Dies bedeutet, dass die Definitionsmacht dazu, was Chancenungleichheiten sind und was Gleichstellung ist, in den Händen der Fachkräfte liegt. Selbst wenn ihnen zuzugestehen ist, dass sie aufgrund ihrer fachlichen Qualifizierungen Kenntnisse zu den Lebenswelten ihrer Zielgruppen haben und in der Lage sind, empathisch ihre Perspektive einnehmen können, selbst wenn sie sich bemühen, nah am Klientel dran zu sein, so bleibt doch immer ein prinzipieller Abstand zwischen Professionellen und Zielgruppen erhalten, was die Einschätzung ihrer Lebenssituation anlangt. Weil ihre gesellschaftlichen Standorte – in der Kinder- und Jugendarbeit auch der generative – verschiedene sind, sind ihre sozialen Wahrnehmungen nicht unbedingt deckungsgleich.

Wenn es zutrifft, und einiges spricht dafür, dass Mädchen und Jungen heutzutage mit anderen Lebensentwürfen aufwachsen und anderen »Gerechtigkeitsfragen« als die Akteure von Gender Mainstreaming stellen, dann müssen Formen kultiviert werden, in denen dies zur Kenntnis genommen wird. »Statt die seit Jahrzehnten bekannte Frage zu stellen, ob Mädchen benachteiligt sind oder inzwischen als bevorteilt bezeichnet werden müssen, scheint es interessanter nach der Entstehung der Lebensentwürfe von Jungen und Mädchen zu fragen« (Voigt-Kehlenbeck 2001, 9). »Jugendliche entwickeln Kompetenzen im Umgang mit ihren Problemen und den Anforderungen ihrer Lebenswelten. Ihre Probleme sind z. T. deutlich andere als die der pädagogischen Personen. Der/die Professionelle kann also nicht unbedingt Analogien aus der eigenen Jugendphase ziehen... » (ebd. 10). Von daher muss für das Gender Mainstreaming das gelten, was auch für die Kinder- und Jugendarbeit insgesamt hochbedeutsam ist und unter dem Begriff der Subjektorientierung oder Lebensweltorientierung verhandelt wird: die Wahrnehmung und das Ernstnehmen der Zielgruppenperspektive. Für Kinder und Jugendliche ist es »bedeutsam zu erfahren, dass sie nicht pädagogisch beeinflusst werden, sondern dass ihre Lösungen interessieren« (11). Erst wenn wir diese Lösungen kennen, können sinnvolle Konzepte zur Förderung von Chancengleichheit entwickelt werden.

Demzufolge sind ausschließlich advokatorische Ansätze fragwürdig, bei denen Professionelle und Institutionen die Interessen ihrer Zielgruppen vertreten und parteilich in ihrem Sinne agieren. Dies ist in der Sozialen Arbeit und Jugendhilfe die Regel, und dies ist auch nicht per se verwerflich. Problematisch wird es erst in seiner Ausschließlichkeit. Gender Mainstreaming, so wie es sich derzeit präsentiert, verharrt noch sehr stark auf dieser »advokatorischen Basis«, kritisiert Irina Bohn zu Recht (ISS 2001, 63), auch wenn es bemüht ist, möglichst viele in den Diskurs einzubeziehen. Soll Gender Mainstreaming jedoch effektiv sein, darf die Seite der Betroffenpartizipation nicht weiter in dieser Weise ausgeblendet bleiben. Vielmehr sind verstärkte und systematische Anstrengungen zu entwickeln, das bestehende konzeptionelle Vakuum zu füllen und der Zielgruppenperspektive mehr Gewicht zu verleihen. Alle noch so gut gemeinten und fachlich begründeten Maßnahmen zur Behebung von Chancenungleichheiten müssen fragwürdig bleiben, wenn nicht parallel Initiativen dazu stattfinden, die Zielgruppen auch in den Prozess hineinzuholen. Worin bestehen denn für sie Ungleichheiten? Wo fühlen sie sich benachteiligt gegenüber dem anderen Geschlecht? Welche Veränderungen, Gleichstellungen wollen sie selbst?

Für die Kinder- und Jugendarbeit heißt dies: Die Debatte um Gleichstellung in diesem Praxisfeld kann nicht allein von den professionellen ExpertInnen geführt werden, sondern diese muss mit der Perspektive der NutzerInnen verschränkt werden. Es ist dies eine Anforderung, die zwar in der geschlechtsbezogenen Jugendhilfe schon immer programmatisch formuliert wurde – das

Partizipationsthema hat schließlich gerade in der Mädchenarbeit eine schon längere Geschichte –, jetzt aber radikalisiert werden muss. Es ist dies im übrigen auch eine Anforderung, die nicht nur im Kontext des Gender Mainstreamings Aktualität hat, sondern auch ganz allgemein, wie Jugendarbeit schon länger betont. Aber wo sind Mädchen denn einmal gefragt worden, wie sie sich in der Jugendarbeit gegenüber den Jungen benachteiligt fühlen – und umgekehrt? Vielleicht kämen hier ganz neue Informationen zutage. Und mit großer Wahrscheinlichkeit würde hier auch sehr unterschiedliches sichtbar bei den Geschlechtern, was der Differenzierung des Wissens zu Mädchenwelten und Jungenwelten sehr zuträglich wäre.

Selbst wenn man jetzt einwenden mag, dass Heranwachsende heutzutage bekanntlich Geschlechterungleichheiten tabuisieren, dass sie Wert darauf legen, gleichberechtigt zu sein, wie Mechtild Oechsle nachweist (Oechsle 2000, 49), dass man also bei einer Frage nach Geschlechterungleichheiten nichts von ihnen zu hören bekommt, ist davon auszugehen, dass sie sehr wohl bereit sind, in Bezug auf konkrete Erlebnisräume Ungleichheitserfahrungen zu benennen. Zu vermuten ist, dass, auch wenn eine pauschale Frage nach Ungleichheiten abgewehrt wird, sich anderes zeigt, wenn konkrete Alltagssituationen zum Gesprächsgegenstand werden. Dies wirft natürlich auch die Frage nach angemessenen Erhebungsmethoden auf, denn nicht jede Art der Befragung ist geeignet, das sichtbar zu machen, was bei den Betroffenen anliegt. Doch entscheidend ist, ob der Wille da ist, die Zielgruppen hören zu wollen und das Gehörte zu berücksichtigen.

Szenario »Kinderarbeit«:
Was sagen Mädchen zu ihrem Mädchensein und Jungen zu ihrem Jungesein – ein Beispiel aus einem Hortprojekt

»Was sind die ›besonderen Lebenslagen‹ von Mädchen und Jungen im Grundschulalter ...? Dieser Frage kann man sich von verschiedenen Seiten aus nähern: von der Theorie her, auf der Grundlage von Beobachtungen, durch Gespräche mit ErzieherInnen und Eltern – oder indem man die Mädchen und Jungen selbst befragt. Wir entschieden uns, ... Mädchen und Jungen einmal selbst zu Wort kommen zu lassen. ... Im Rahmen von Hospitationen ... befragten wir 81 Kinder, davon 42 Jungen und 39 Mädchen in halb offenen Interviews zu ihrer Situation im Hort, zum Mädchen- und Jungesein, zu ihren Vorstellungen von »richtiger Frau« und »richtigem Mann« sowie zum Umgang mit Konflikten. ... Die meisten Kinder sind offensichtlich mit ihrer Geschlechtszugehörigkeit zufrieden und können etwas benennen, was sie daran toll finden. ... Für viele Kinder ist mit geschlechtstypischen Unterschieden keine Abwertung verbunden. Ein Mädchen fasst zusammen: »Ja, und das beste ist, die Jungen finden Jungs besser und Mädchen finden Mädchen besser, das ist ja der Unterschied.« Lediglich einige – insbesondere nichtdeutsche – Mädchen meinten, es sei besser, ein Junge zu sein. Sie beneiden Jungen vor allem um die Möglichkeit, sich in Konflikten zur Wehr zu setzen. Umgekehrt war kein Junge der Ansicht, es sei besser, ein Mädchen zu sein. Allerdings erwähnten einige Jungen Schattenseiten von körperlichen Auseinandersetzungen unter Jungen. So formuliert ein Junge: »Jungs kann mehr passieren als Mädchen« ...

(Bildungswerkstatt Christel van Dieken u.a. o.J., 1f)

Neuralgische Punkte des Gender Mainstreamings in der Kinder- und Jugendarbeit

Gender Mainstreaming in der Kinder- und Jugendarbeit hat zwei zentrale Aufgabenstellungen zu bewältigen:

- Erstens muss die Institution den Ist-Zustand zur Situation der Geschlechter in diesem Praxisfeld erfassen
- Zweitens muss sie Konzepte entwickeln, um den bei der Analyse offenkundig gewordenen Geschlechterungleichheiten ausgleichend zu begegnen.

Diese Aufgabenstellung ist nicht grundlegend neu. Seit die Geschlechterfrage in der Jugendarbeit kritisch in den Blick kam, haben hierzu Bemühungen stattgefunden. Sowohl gab es Ansätze, die Situation von Mädchen und Jungen empirisch zu bestimmen als es auch intensive Auseinandersetzungen dazu gab, wie man Mädchen und Jungen gerecht werden kann. Beides blieb jedoch in seiner Wirksamkeit begrenzt. Dies wurde oben nachgezeichnet. Gender Mainstreaming knüpft demnach an alten Themen an: an alten Forderungen, Zielsetzungen, Praxen, aber zwangsläufig auch an alten Widersprüchen, Tabus, Begrenzungen, Misserfolgen und Exklusionen. Es aktualisiert all dieses neu und verschärft die Aufforderung, sich den bisher ungelösten Problemstellungen verstärkt zu widmen. All das, was in der geschlechtsbezogenen Kinder- und Jugendarbeit – ungewollt und ungeahnt – innere Knotenpunkte produzierte, die die Nachhaltigkeit der Gleichstellungsbemühungen bislang einschränkten, ist nicht einfach fortgewischt mit der Top-down-Einsetzung eines neuartigen Handlungsprinzips, sondern es besteht weiterhin.

Nach den Erfahrungen der bisherigen praktischen und theoretischen Entwicklungsarbeit und aufgrund der Fachdiskussionen um das Gender-Mainstreaming-Konzept zeichnen sich eine Reihe von neuralgischen Themen ab, denen sich Kinder- und Jugendarbeit zuwenden muss. Soll es gelingen, Gender in den institutionellen Mainstream dieses Jugendhilfefeldes zu integrieren, reicht es nicht aus, vorgefertigte methodische Implementierungsszenarien anzulegen, sondern es sind inhaltliche Auseinandersetzungen und Entwicklungen erforderlich zu neuen, aber auch alten Fragen. Soll Gender Mainstreaming nicht als formalisiertes Verfahren erstarren, sollen die Schlüsselfragen gelöst werden, will man in der Sache tatsächlich weiter kommen, ist vor allem ein lebendiger Diskurs zu führen. Alle offiziellen Verlautbarungen zu Gender Mainstreaming übergehen bezeichnenderweise diese Notwendigkeit – aus welchen Gründen auch immer. Corinna Voigt-Kehlenbeck fürchtet denn auch, dass die »Lust an Diskursen über Thesen, Suchbewegungen und Widersprüche auf der Strecke geblieben ist«, und sie plädiert dafür, diese Streitkultur gerade auch im Zuge der geschlechterpolitischen Reformansätze wieder zu beleben (2001, 5). Gender Mainstreaming lässt sich nicht als schematisiertes Handlungsprogramm über die Institutionen der Kinder- und Jugendarbeit legen, sondern es konfrontiert mit Debatten zu politischen und fachlichen Orientierungen, Denkweisen und Haltungen. Diese Debatten müssen geführt werden, ansonsten ist nur wenig Bereicherung durch die neue Gleichstellungsprogrammatik zu erwarten. Im nachfolgenden sollen neuralgische Punkte dieser Auseinandersetzungen ausgeführt werden.

Der größtmögliche gemeinsame Nenner: Arbeit mit Mädchen und Arbeit mit Jungen

Über Gender Mainstreaming in der Kinder- und Jugendarbeit nachzudenken stößt unausweichlich auf eine begriffliche Schwierigkeit, nämlich die des Verständnisses von Mädchenförderung und Jungenförderung. Mädchenförderung und Jungenförderung werden häufig genug mit Mädchenarbeit und Jungenarbeit gleichgesetzt – also mit einem spezifischen Handlungskonzept. Es hat sich im Laufe vieler Jahre immer weiter professionalisiert und ist durch klare formale und qualitative Standards markiert. Es sind diese sowohl für Mädchenarbeit wie auch für Jungenarbeit:

- *Gruppensetting*
  Mädchenarbeit und Jungenarbeit sind gruppenpädagogische Ansätze. Mädchenarbeit und Jungenarbeit sind demnach immer auch Synonyme für Mädchengruppenarbeit und Jungengruppenarbeit. Jenseits eines Gruppensettings ist geschlechtsbewusste Arbeit nicht denkbar. So war auf einer Fachtagung zur entsprechenden Thematik zu erleben, dass ein in der ambulanten Einzelfallhilfe tätiger Sozialarbeiter darauf beharrte, er würde keine Jungenarbeit machen und er *könne* auch keine Jungenarbeit machen, da er ja nur einzelne Jungen betreue – und dies, obwohl er sich sehr wohl intensiv damit beschäftigte, was seinen Jungen als Jungen das Lebens schwer macht, und obwohl die Mehrheit seiner Fälle Jungen waren.

- *Geschlechtshomogene Gruppenarbeit*
  Geschlechtsspezifische Arbeit kann sinnvollerweise nur in gleichgeschlechtlichen Gruppenkontexten stattfinden. Dahinter steht die Annahme, dass geschlechtsgemischte Situationen für Mädchen, aber auch für Jungen die Normalitätszwänge verschärfen. Um sich von diesen einengenden Zuschreibungen und Erwartungen frei machen zu können, Tabuisiertes zu thematisieren und eine kritische Distanz zu den Zurichtungen des eigenen

Geschlecht zu gewinnen, sind demzufolge gleichgeschlechtliche Gruppen notwendig.

Dazu kommt, dass das Fehlen einer Gruppenkultur unter Mädchen und ihr häufiges Anhängsel-Dasein in Jungengruppen diese schwächt. Mädchengruppenarbeit befreit Mädchen somit aus ihrer Vereinzelung und aus ihrer Abhängigkeit von männlicher Spiegelung und hilft, die gleichgeschlechtliche Gruppe als Ressource zu erleben.

- *Gleichgeschlechtlichkeit der Fachkräfte*
  Eine effektive Mädchen- und Jungenarbeit kann nur auf der Basis der gleichen geschlechtlichen Betroffenheit geleistet werden. Nur unter dieser Bedingungen können Fachkräfte die spezifischen Konfliktlagen der Mädchen und Jungen angemessen verstehen, thematisieren und auffangen wie sie auch nur so für Mädchen und Jungen zur passenden Identifikationsfigur für weibliche und männliche Lebensbewältigung werden können.

- *Dramatisierung des Geschlechts*
  Dramatisierung des Geschlechts, das bedeutet die Dominanz problemorientierter und auf das Geschlecht zentrierter Sichtweisen. Es wird unterstellt, dass für Mädchen und Jungen ihre Geschlechtlichkeit eine zentrale biografische Bezugsgröße in ihrem Selbsterleben ist und dass sie Probleme mit ihrer geschlechtsspezifischen Normalisierung haben, sei es, dass sie in Konflikte geraten, sei es, dass sie Kompetenzen nicht entwickeln können, die für ihre Gesundheit erforderlich wären. Als Ziel für eine genderqualifizierte Kinder- und Jugendarbeit wird daher immer wieder die biografische Optionenerweiterung jenseits der geschlechtsspezifischen Zurichtungszwänge und Normalitätsauflagen formuliert.

- *Thematisierung des Geschlechts*
  Mädchenarbeit und Jungenarbeit sind keine Mädchenarbeit und Jungenarbeit, wenn sie in ihrer Praxis mit Mädchen und Jungen nicht das Geschlecht und die damit verbundenen Probleme in irgendeiner Weise thematisieren. Und es wird von Seiten der Mädchenarbeit und Jungenarbeit auch Wert auf diese qualitativen Abgrenzungslinien gelegt. So besteht in der Regel völlige Einigkeit dazu, dass die Fußballgruppe, die der Jugendarbeiter für Jungen anbietet – einfach aus Spaß am Kicken – keine Jungenarbeit ist, weil hier nicht die Geschlechterrolle bearbeitet wird. Ebenso ist die Jazztanzgruppe des Tanzsportclubs keine Mädchenarbeit.

  Die gewünschten Auseinandersetzung mit dem eigenen Geschlecht stehen unter einer stark selbst- und gesellschaftskritischen Perspektive. Ziel ist, die eigene Situation und die eigene Zwänge im Kontext der gesellschaftlichen Vorgaben zu durchschauen und auf diese Weise Ermächtigungsprozesse in

Gang zu bringen. Beispiele für diese Gleichsetzung von Mädchenarbeit und Jungenarbeit mit geschlechterreflektierender Arbeit sind die bis heute bedeutsamen Praxishandbücher zur Mädchenarbeit (Klees u. a. 1992) und zur Jungenarbeit (Sielert 1989), die zahlreiche didaktisch-methodische Übungsvorschläge enthalten, um mit Mädchen und Jungen biografische Selbstreflektionen stattfinden zu lassen.

Diese skizzierten fachlichen Konturen haben zu einer regelrechten Zweiteilung, mehr noch: zur Hierarchisierung der Arbeit mit Mädchen und Jungen geführt. Da ist zum einen die unter geschlechtsspezifischen Vorzeichen stattfindende »richtige« Mädchenarbeit und Jungenarbeit in den Mädchentreffs, in den Mädchengruppen, in den Jungengruppen. Da sind zum anderen die vielen Angebote der Kinder- und Jugendarbeit, in denen Mädchen und Jungen zwar sind, ob gemeinsam mit dem anderen Geschlecht oder auch »unter sich«, die aber nicht durch die obigen Standards ausgewiesen sind. Hier wird zwar mit Mädchen und Jungen gearbeitet, hier wird zwar für Mädchen und Jungen etwas angeboten, das offenbar wichtig für sie ist, sonst wären sie nicht da, aber hier findet etwas anderes statt als Mädchenarbeit und Jungenarbeit, weil die formulierten und anerkannten Standards nicht eingehalten werden. Es gibt somit sozusagen eine ausgewiesene und eine nicht ausgewiesene Mädchenarbeit, bzw. Jungenarbeit. Erste zählt als geschlechtsspezifisch förderliche Praxis, letztere nicht.

Wie tief verankert diese Zweiteilung ist, dazu zwei Beispiele: So war bei einer Bestandsaufnahme zur Frauen- und Mädchenarbeit in Frankfurt/M. zu erleben, dass die Frage, ob in den Einrichtungen Mädchenarbeit stattfindet, von vielen mit der Erklärung verneint wurde, sie hätten keine Mädchengruppenangebote oder sie hätten keine Mädchenarbeiterin (Brückner/Rose 2002). Es gibt offensichtlich überhaupt keinen begrifflichen Imaginationsraum, auch etwas anderes als das durch die bekannten Standards markierte als Mädchenarbeit zu bezeichnen.

Szenario »Kommunale Bestandsaufnahme zur Mädchenarbeit«

Eine kommunale Mädchenbeauftragte berichtete, dass sie mehr durch Zufall davon erfuhr, dass in einer Kirchengemeinde im Rahmen der Jugendarbeit schon lange attraktive Angebote stattfanden, an denen sehr viele, z. T. auch ausschließlich Mädchen teilnahmen. Auf die Frage, warum die Gemeinde bei der kommunalen Erhebung zur Mädchenarbeit nichts entsprechendes zurückgemeldet hätten, wurde dies damit erklärt, auf diese Idee wäre man gar nicht gekommen. Das wäre doch keine Mädchenarbeit, was sie machen, denn man würde sich doch nicht an feministischen Zielsetzungen orientieren und auch nicht explizit mit einem reinen Mädchengruppenansatz arbeiten.

Diese qualitative Trennung ist historisch erklärlich. Nach den Zeiten der Koedukation, wo es vor allem darum ging, die neue Praxis, in der Geschlecht wieder eine Rolle spielte, überhaupt deutlich von der alten vermeintlich »geschlechtsneutralen« und zweifellos auch stellenweise kritikwürdigen Praxis abzugrenzen, war es wichtig, diese Standards zu formulieren. Und viel Kraft wurde zu Recht darauf verwendet, die Standards durchzusetzen und zu qualifizieren. Doch zeigen sich hier – nicht nur im Zuge des Gender Mainstreamings – mittlerweile Fragwürdigkeiten.

Es wird mit dieser Zweiteilung missachtet und – immanent oder offen – diskreditiert, was Kinder- und Jugendarbeit an vielen Stellen Heranwachsenden ohne das Qualitätslabel »geschlechtsspezifische Arbeit« bietet. Ihr wird unterstellt, sie sei unkritisch, nur geschlechtsrollenkonform, sie würde Mädchen und Jungen auf das festschreiben, was die Gesellschaft für sie vorsieht, sie würde die Augen davor verschließen, wie Mädchen und Jungen normiert und damit in ihren Entwicklungsmöglichkeiten eingeengt werden.

Diese Ausgrenzung ist aus zwei Gründen problematisch. Zum einen zeigt sich darin ein ungeheures Maß an Arroganz. Können wir tatsächlich unterstellen, dass in den vielen geschlechtsunspezifischen Angeboten nur Bedenkliches für Mädchen und Jungen passiert? Können wir sagen, dass nur eine geschlechtsbewusste Mädchenarbeit und Jungenarbeit nach den bekannten Standards Heranwachsenden das Optimale bietet? Wollen wir behaupten, dass alle Mädchen und Jungen mit diesen geschlechtsspezifischen Angeboten versorgt werden müssen?

Zum anderen wird auch eine große Chance vertan – die Chance, mehr über Mädchen und Jungen, mehr zu ihren Selbstartikulationsräumen und Bedarfen zu erfahren. Denn: In der geschlechtsunspezifischen Kinder- und Jugendarbeit sind bis heute die meisten Heranwachsenden zu finden.

Szenario »Jugendarbeit im Sportverein«: Keine Mädchenarbeit?

Im Sportverband als einem beliebten jugendlichen Freizeitort finden wir zwar ein leichtes zahlenmäßiges Jungenübergewicht, dennoch gilt genauso: hier sind die meisten Mädchen überhaupt organisiert, er ist sozusagen der größte Mädchenverband – und dies, ohne dass parteiliche Grundsätze in diesem Feld bekanntlich eine große Rolle spielen. Hier wäre es also durchaus zu empfehlen genauer zu schauen, was dort geboten wird, dass es so frequentiert wird, auch: was dort scheinbar geschlechtsunspezifisch und -unreflektiert geboten wird, das dennoch offenbar ein attraktiver Raum zur geschlechtlichen Selbstbearbeitung ist. Denn wenn wir davon ausgehen, dass Mädchen und Jungen immer auch mit der Herstellung ihres Geschlechts beschäftigt sind, muss auch der Sportverband hierfür eine Bühne bieten. Und warum sollte diese Bühne per se schlechter sein als die Mädchenarbeit oder Jungenarbeit?

Angesichts dessen ist die Frage berechtigt, ob bei der Zweiteilung nicht mehr verloren geht als gewonnen wird. Zumindest scheint es für ein Gender Mainstreaming kaum hilfreich, an dieser Zweiteilung festzuhalten. Dies gilt für den Schritt der Analyse des Ist-Zustandes wie auch für die Planung von gleichstellungsfördernden Maßnahmen. Sehr viel produktiver könnte es sein, mit einem offenen Begriff von Mädchenarbeit und Jungenarbeit zu arbeiten, der nicht normativ definiert ist, sondern allein dadurch, welches Geschlecht die AdressatInnen und AbnehmerInnen haben. In Abgrenzung zu der eng konturierten und auch ideologisch besetzten Mädchenarbeit und Jungenarbeit werden die Begriffe der »Arbeit mit Mädchen« und »Arbeit mit Jungen« vorgeschlagen. Von der »Landesstelle Mädchenarbeit Sachsen-Anhalt« ist z. B. zu hören, dass entsprechende begriffliche Unterscheidungen hier diskutiert werden, um die Geschlechterdebatte aus der langjährigen Reduktion auf Mädchenarbeit und Jungenarbeit zu befreien.

Arbeit mit Mädchen, Arbeit mit Jungen kann sehr wohl die bekannten Mädchenarbeits- und Jungenarbeitsangebote umfassen, geht aber eben nicht in diesen auf. Stattdessen kommt *alles* in den Blick, was Mädchen und Jungen geboten wird. Das erfordert, auch innerlich bereit zu sein, alles, was irgendwo von irgendwem Mädchen und Jungen geboten wird, erst einmal als Dienstleistung an ihnen zu begreifen.

Die Trennung zwischen »richtiger« und »nicht-richtiger« Mädchenarbeit, zwischen »richtiger« und »nicht-richtiger« Jungenarbeit hat dies bislang verstellt. So würde Mädchenarbeit, wie sie sich gegenwärtig versteht, vermutlich kaum Kontakt zur Leiterin der Gardetanzgruppe des Faschingsvereins im Stadtteil suchen, um zu erfahren, was dort gemacht wird, wie viele und welche Mädchen dorthin kommen, wie die Mädchen rekrutiert werden, welche Probleme sich zeigen. Zu unversöhnlich scheinen der Gardetanz und feministische Ideale. Doch wenn Gender-Mainstreaming in der Kinder- und Jugendarbeit voraussetzt, dass eine umfassende Bestandsaufnahme zur freizeitbezogenen Infrastruktur für Mädchen und Jungen gemacht werden muss, wenn es darum geht, die institutionelle Versorgungssituation für beide Geschlechter einzuschätzen und Bedarfe zu ermitteln, sind solche normativen Trennungen wenig hilfreich. Was wäre denn, wenn gerade der Gardetanz sich als enormer Bedarf bei Mädchen herauskristallisieren würde? Es wäre wohl kaum im Sinne des Gender-Mainstreamings, dann den Ausbau der herkömmlichen Mädchenarbeit einzufordern.

Wie schon gesagt, dies läutet nicht zwangsläufig das Ende der bewährten Angebote der Mädchenarbeit und Jungenarbeit ein. Aber die Entscheidung darüber, wann wo wie viele dieser Angebote installiert werden, das kann erst am *Ende* des Gender Mainstreamings Verfahrens stehen. Es steht außer Frage, »dass für bestimmte Bedarfslagen von Mädchen und jungen Frauen (und von Jungen, L. R.) geschlechtshomogene Angebote notwendig und fachlich indiziert sind« (ISS 2001, 12), doch diese Bedarfslagen müssen erst im Analyseschritt des Gender Mainstreamings geklärt werden. Das muss nun nicht heißen, zum Beginn von Gender Mainstreaming-Prozessen erst einmal die gesamte Infrastruktur geschlechtshomogener Praxisansätze auszusetzen, damit man sozusagen präzise »bei Null« anfangen kann. Es muss aber sehr wohl heißen, dass ihr Nutzen im Rahmen eines solchen Prozesses geprüft wird und gegebenenfalls Konsequenzen gezogen werden.

Geschlechtertrennung als Fachstandard?

Diese Überlegungen bedeuten zweifelsohne eine enorme Provokation für die etablierten Szenen der Mädchenarbeit und Jungenarbeit – eine Provokation, die fachliche, aber auch existentielle Dimensionen hat. Denn: Prinzipiell infrage gestellt ist damit die alte Selbstverständlichkeit, dass es Mädchenarbeit und Jungenarbeit sind, die Mädchen und Jungen das Richtige bieten. Geschlechtsspezifische Einrichtungen und Angebote stehen damit zur Disposition. Potentiell gefährdet sind angesichts dessen »Besitzstände«, die doch bekanntlich noch nie sehr üppig waren – das ist das objektiv Bedrohliche und aus der Perspektive dieser Interessensgruppen auch Ärgerliche. Von daher ist plausibel, wenn sich hier Empörung und Widerstand zeigen.

Aus guten Gründen war die Geschlechtshomogenität in der Vergangenheit zum entscheidenden Markenzeichen einer geschlechtsbewussten Jugendarbeit geworden. Erst kürzlich wurde von profilierten Autorinnen noch einmal das geschlechtshomogene Arbeitsprinzip als entscheidendes der Mädchenarbeit neu fundiert und bestätigt (Bitzan/Daigler 2001). Das gleiche gilt für die Jungenarbeit, für die weiterhin die Geschlechtshomogenität zentrales Ausweisungsmerkmal bleibt (Sturzenhecker/Winter 2002).

Begründet wird dieser Fachstandard damit, dass geschlechtsgemischte Situationen für Mädchen, aber auch für Jungen die Normalitätszwänge verschärfen. Dies gilt einmal mehr, wenn eine Geschlechtergruppe in der Minderheit ist – wie dies in der Regel für Mädchen in den Jugendhäusern zutrifft. Für sie erhöht sich dann der Druck, sich geschlechtskonform zu zeigen. Um sich von Zuschreibungen und Erwartungen frei machen zu können, Tabuisiertes zu thematisieren und eine kritische Distanz zu den Zurichtungen des eigenen Geschlecht zu gewinnen, sind demzufolge gleichgeschlechtliche Gruppen notwendig. Nur sie bieten einen Rahmen, in dem Mädchen und Jungen von der Last befreit sind, sich normal und »geschlechtsgemäß verhalten zu müssen« (Bitzan/Daigler 2001, 172). »In reinen Mädchen- bzw. Jungengruppen können andere Diskussionen über die Bilder stattfinden, die die Mädchen von Jungen und die Jungen von Mädchen haben. Es gibt Raum, die Regeln des Spiels der Geschlechter zu entdecken und im Sinne Butlers Variationen zu entwickeln« (Kuhlmann 2000, 237).

Diese Begründungen sind einsichtig, und sicherlich haben geschlechtshomogene Gruppenangebote für Mädchen und Jungen auch genau die skizzierten Effekte. Dennoch gibt es hier Fragwürdiges. Zum einen erstaunt die Selbstverständlichkeit, mit der Geschlechtshomogenität und Entnormierung gleichgesetzt werden. Jede soziale Gruppe erzeugt ihre spezifischen Habituszwänge über Körperstil, Outfit, Geschmack, Verhaltensweisen, Diskursformen, Sprechverbote u. ä., um die eigenen Gruppenkonturen nach außen und nach innen hin sichtbar zu machen, die eigenen Gruppenidentität von anderen abzugrenzen, sich selbst überhaupt als Gruppe zu konstituieren. Dies gilt natürlich auch für Mädchen- und Jungengruppen. Sie sind keineswegs der Ort normativer Freiheit, höchstens *relativer* Freiheit. Von daher haben die Beschreibungen der Wirkung geschlechtshomogener Gruppenarbeit etwas idealisierendes. Natürlich ist es zutreffend, dass eine gleichgeschlechtliche Gruppe von anderen Normen getragen ist und getragen sein kann als andere soziale Gruppen, weil ihr Herstellungsmodus ein spezifischer ist. Von daher kann der Wechsel des sozialen Settings neue Selbsterfahrungen eröffnen. Aber sicherlich ist eine geschlechtshomogene Gruppe nicht per se weniger normativ und reglementierend als eine geschlechtsgemischte.

Und auch die Unterstellung, dass gerade die gleichgeschlechtliche Gruppe besonders gut aus geschlechtsspezifischen Vorgaben freisetzt, ist so wohl kaum haltbar. Sie kann sowohl der Ort sein, an dem – ganz im Sinne eines Freiraums – normative Entlastungen organisiert werden, an dem aber ebenso gut erst Verständigungen über passende geschlechtliche Inszenierungsmuster hergestellt werden, die Choreografie für das »richtige« Mädchen- und Jungesein entworfen und eingeübt wird.

Zum anderen schwingt bei dem Plädoyer für geschlechtshomogene Gruppenarbeit immer mit, dass Mädchen und Jungen Probleme mit den geschlechtsspezifischen Normalitätszwängen haben – sei es, dass sie in Konflikte geraten, sei es, dass sie Kompetenzen nicht entwickeln können, die für ihre Gesundheit erforderlich wären. Dies gilt vor allem für Mädchen, wobei in jüngerer Zeit vermehrt auch die beschädigenden Wirkungen der Männlichkeitsnormierungen für Jungen diskutiert werden. Als Ziel für eine geschlechtsbewusste Jugendarbeit wird daher immer wieder die biografische Optionenerweiterung jenseits der Zurichtungszwänge und Normalitätsauflagen formuliert.

Doch sind hier zwei Punkte einzuwenden. Warum können wir uns eigentlich nicht vorstellen, dass die geschlechtsspezifische Normierung auch etwas außerordentlich lustvolles sein kann, dass es aufbauend und vitalisierend sein kann, sich den Stil einer Geschlechterkultur erfolgreich anzueignen und authentisch zu leben? Wie viel Vergnügen und Körperlust damit verbunden sein kann, können wir doch sehen, wenn Mädchen durch Boutiquen und Kosmetikläden ziehen, wenn sie sich für die Schuldisco hermachen, wenn sie tanzen, wenn Jungen sich stylen, im Spiegel begutachten und sich an den Billardtischen, Skate-Ramps und Streetballfeldern inszenieren. Natürlich können diese Praxen auch konfliktträchtig sein, aber es kann eben auch ganz anders sein. Warum wird das damit verbundene potentielle Vergnügen tabuisiert – fast wie zu Zeiten des Puritanismus?

Ein weiterer Einwand ist: Wird mit der Propagierung der biografischen Entnormierungen nicht die Idee des freien, selbstbestimmten und individualisierten Individuums unzulässig überhöht? Warum wollen wir Jugendlichen unbedingt dazu verhelfen, möglichst unabhängig von jeglichen Vorgaben zu sein? Warum erscheint es uns so bedenklich, dass sie sich an geschlechtsspezifischen Maßgaben orientieren könnten? Warum halten wir dieses für per se verdächtig? Ist dies tatsächlich für die Betreffenden ein Problem oder mehr für uns als Außenstehende? Zeigen Heranwachsende uns nicht unentwegt, indem sie – Mädchen wie Jungen – sich Gruppen unterschiedlichster Stilrichtung zuordnen, dass sie sozialen Halt, Bindung und Selbstverortungen suchen und bereit sind, die in den jeweiligen kulturellen Milieus geltenden Regeln sich einzuverleiben und sie zu leben? Kann es Gruppen ohne Anpassungsauflagen geben? Und zeigen Jugendliche uns nicht auch, dass sie in ihren Kulturen selbst ständig die Normen bearbeiten und verändern – auch ohne pädagogisierte Mädchen- und Jungenangebote? Muss Mädchenförderung und Jungenförderung tatsächlich heißen: Freisetzung aus traditionellen Rollenbildern? Geht damit nicht eine Entwertung bestimmter Geschlechterstile einher? Verkennen wir hier nicht das Selbstkonturierende und Selbststabilisierende, das der Bezug auf ein klar normiertes Sozialgefüge bieten kann – auch oder gerade in Zeiten der Individualisierung? Kann es überhaupt eine andere Form der Selbstkonturierung geben als die über die Einpassung in Gruppen und Normengefüge?

Dies alles bedeutet nicht die unumstößliche Absage an die bisherigen Konzepte von Mädchenarbeit und Jungenarbeit. Doch sie müssen dazu veranlassen, scheinbar Selbstverständliches zu entselbstverständlichen, bestehende Sichtweisen und Standards zu überprüfen und damit die praktischen Handlungsmöglichkeiten für ein erfolgreiches Gender Mainstreamings zu vergrößern.

Ein spezifisches pädagogisches Konzept?

Gender Mainstreaming erfordert demzufolge eine entscheidende Klarstellung: Bei Gender Mainstreaming geht es um die Einführung des Kategorie Gender in den Mainstream der Kinder- und Jugendarbeit und *nicht* um die Durchsetzung von Mädchenarbeit und Jungenarbeit. Die Genderfrage ist *nicht* identisch mit der Mädchenarbeitsfrage und Jungenarbeitsfrage.

Hier finden immer wieder Verwechslungen statt. Das hat dann zur Folge, dass sich die Auseinandersetzung nur auf die herkömmliche, ausgewiesene Mädchenarbeit und Jungenarbeit kapriziert. Gender Mainstreaming wird dann verkürzt übersetzt als flächendeckende Durchsetzung geschlechtsspezifischer Mädchengruppen und Jungengruppen in der Kinder- und Jugendarbeit – nach dem Motto: Gender im Mainstream der Kinder- und Jugendarbeit erfolgreich zu verankern, heißt, alle Mädchen und Jungen gleichberechtigt mit Mädchenarbeit und Jungenarbeit zu versorgen und diese weiter zu qualifizieren.

Diese Verwechslungen erschweren die Debatte unnötig – verwirren sie auch, wie es Corinna Voigt-Kehlenbeck formuliert: »Das Verwirrende liegt darin, dass auf der einen Seite eine Verwaltungsreform durchgeführt wird und auf der anderen Seite unter eben diesem Stichwort auch die Weiterentwicklung der geschlechterbezogenen Pädagogik diskutiert wird« (2001, 8). Sie plädiert deshalb dafür, eine Unterscheidung »zwischen Implementierungsversuchen des Prinzips des Gender Mainstreaming und Diskussionen zur Weiterentwicklung geschlechtsbezogener Konzepte, Methoden, professioneller Fort- und Weiterbildungsansätze« zu machen (Voigt-Kehlenbeck 2002, 6).

Es sind dies Verwechslungen, die bereits eine längere Geschichte haben. So wurde bereits die Prämisse des KJHG, die unterschiedlichen Lebenslagen von Mädchen und Jungen zu berücksichtigen, oft genug als Aufforderung zur Einrichtung von Mädchen- und Jungenprojekten interpretiert. In einzelnen Landesausführungsgesetzen zum KJHG wurde der Geschlechterparagraf mit der

Forderung nach geschlechtsspezifischer Gruppenarbeit, vor allem Mädchenarbeit operationalisiert. Auch die Frage nach dem Stand geschlechtsbewusster Fachlichkeit in der Kinder- und Jugendarbeit erschöpft sich häufig genug in der quantitativen Auszählung von Mädcheneinrichtungen, von angebotenen Mädchen- und Jungentagen, von Mädchen- und Jungenprojekten.

Das Problem dabei ist, dass eine solche Bestimmung des Gender Mainstreamings in hohem Maße normativ ist. Es wird eine ganz spezifische, inhaltlich und formal standardisierte soziale Dienstleistung mit Gender Mainstreaming assoziiert. D.h., es wird ein Ergebnis der institutionellen Gender-Prüfung bereits vorweggenommen. Man weiß schon vor der Prüfung, dass auf jeden Fall Mädchenarbeit und Jungenarbeit die richtige Antwort auf die bestehenden – und letztlich auch vorweggenommen – Ungleichheiten sind. Dabei ist doch die grundsätzliche Frage, warum gerade die Versorgung mit diesem Angebot Chancengleichheit sichern soll, und ob diese Versorgung für die Zielgruppen überhaupt adäquat ist, ob sie von diesen so gewollt und gebraucht wird. Diese Frage wird im Gender Mainstreaming wieder aufgemacht. Sie schon kategorisch im Vorhinein zu beantworten, führt die Idee des Gender Mainstreamings ad absurdum.

Szenario »Children Mainstreaming«

In Fachkreisen wird niemand abstreiten, dass musikalischer und künstlerischer Ausdruck der kindlichen Entwicklung gut tun. Doch kämen wir kaum auf die Idee, bei einem »Children Mainstreaming« in der kommunalen Infrastruktur, Musikgruppen und Kinderkunstschulen zum ausschließlichen Dreh- und Angelpunkt zu machen. Warum machen wir dennoch die parteiliche Mädchengruppenarbeit und Jungengruppenarbeit zum Dreh- und Angelpunkt des Gender Mainstreaming?

Es kann bei Gender Mainstreaming nicht darum gehen, ein spezifisches Praxiskonzept flächendeckend in die Kinder- und Jugendarbeit zu transportieren, sondern die scheinbar schon längst beantwortete Frage, was Mädchen und Jungen für ein gelingendes Mädchen- und Junge-Sein brauchen, muss überhaupt erst wieder zur Disposition stehen. Ein produktives Gender Mainstreaming kann nicht stattfinden, wenn gleichzeitig Monopolansprüche auf ein Modell »richtiger« Mädchenförderung und Jungenförderung im fachpolitischen Raum stehen. Gender Mainstreaming kann nicht dafür stehen, was sich die KämpferInnen der Mädchenarbeit und Jungenarbeit verständlicherweise wünschen, nämlich »das Bestehende der Mädchenarbeit (und Jungenarbeit, L.R.) als notwendigen und selbstverständlichen Standard zu fixieren« (Bitzan/Daigler 2001, 56).

Die Frage der zeitadäquaten Mädchenförderung und Jungenförderung wieder aufzumachen, hat zwangsläufig für Mädchenarbeit und Jungenarbeit etwas hochbrisantes, weil damit das eigene professionalisierte Terrain in Frage gestellt wird. Doch auch das Plädoyer für Offenheit bleibt ein gebrochenes. Es ernst zu nehmen, kann nicht heißen, diese bestehende Professionalität der Mädchenarbeit und Jungenarbeit radikal zu entwerten und durch flächendeckende Mittelstreichungen vollständig aufs Spiel zu setzen – wie es stellenweise unter der Ägide des Gender Mainstreaming passiert. Dies ist eine naive Verkürzung. Die zukünftigen Gender-Mainstreaming-Prozesse stehen von daher vor der diffizilen Herausforderung, produktiv auszubalancieren zwischen der Offenheitsanforderung und der bereits entfalteten und fraglos wertvollen genderspezifischen ExpertInnenschaft und institutionellen Infrastruktur.

Das Problem der bisherigen geschlechtsspezifischen Praxis ist jedoch, dass sie »eine für *alle* Ansätze von Jugendarbeit fundamentale Tatbestandsbestimmung (...), nämlich der Verweis auf das Geschlechterverhältnis als Grunddatum von Jugendarbeit, auf die Begründung eines speziellen *pädagogischen* Konzeptes zurückgestutzt« hat, bemängelt Burkhard Müller für die Geschlechterdebatte in der Jugendarbeit zu Recht (Müller 1998, 45). Eine wichtige Fachfrage, wie nämlich Jugendarbeit Chancengleichheit herstellen kann, ist immer wieder von vorneherein verengt worden auf die Debatte um die Mädchengruppenarbeit und Jungengruppenarbeit. Die notwendige Auseinandersetzung dazu, was Mädchen und Jungen in der Jugendarbeit brauchen, wurde reduziert auf eine Auseinandersetzung um einen spezifischen Praxisstandard. Was Müller von daher fordert, sind Entstandardisierungen. Gender Mainstreaming bietet – wenn seine Idee konsequent ernst genommen wird – hierzu gute Chancen. Es stellt die Frage, was Mädchen und Jungen brauchen, wieder neu – sowohl auf der Ebene der Ist-Situation wie auf der Ebene der Maßnahmen.

Warum gehen wir denn so selbstverständlich davon aus, dass die Mädchen- und Jungengruppenarbeit Chancengleichheit sichert? Warum meinen wir, dass diese Art der Versorgung die richtige ist? Warum meinen wir, dass andere geschlechtsunspezifische Angebote nicht das richtige sind, denn das schwingt ja als Unterstellung immer mit? Gender Mainstreaming in der Kinder- und Jugendarbeit kann nicht daran bemessen werden, wie viele Mädchen und Jungen mit Mädchen- und Jungengruppenangeboten versorgt werden, sondern nur daran, welche Bedarfe – welcher Art auch immer – sich bei Mädchen und Jungen zeigen und wie sie beantwortet werden.

Die Schwierigkeit, Bedarfe zu bestimmen

Mädchen, die mit Jungen zusammen sein wollen, brauchen etwas anderes als Mädchen, die unter sich sein wollen; Mädchen, die Wettkampfsport betreiben wollen, brauchen etwas anderes als Mädchen, die sich im Sportverein ab einem bestimmten Alter nicht mehr aufgehoben fühlen, weil es nur noch Leistungsgruppen gibt; Mädchen, die in der Schule besser sein wollen, brauchen etwas anderes als Mädchen, die sich allein fühlen; Jungen, die angeln wollen und sich von den alten Vereinsmitgliedern schikaniert fühlen, brauchen etwas anderes als Jungen, die Computernetzwerk-Partys veranstalten oder Gesprächspartner für die erste Liebe haben wollen. Es kann sein, dass Mädchen und Jungen Angebote brauchen, in denen Raum zur expliziten Thematisierung der eigenen Geschlechtlichkeit und damit verbundenen Problemen eröffnet wird. Ebenso kann es aber sein, dass sie Angebote brauchen, die dies genau *nicht* tun. Geschlechtsunspezifische Angebote können von daher möglicherweise ausgesprochen passend und gewinnbringend für Mädchen und Jungen sein - auch im Sinne der Gleichstellung.

Dass auch geschlechtsunspezifische Angebote für Mädchen und Jungen wichtig sein können, wurde in der bisherigen Debatte um eine geschlechtsspezifisch qualifizierte Jugendarbeit bisher eher unterschlagen. Es wurde stattdessen propagiert, dass entsprechende Ansätze Räume dafür schaffen müssen, dass das eigene Geschlecht zum Thema gemacht werden kann – all das, was im Zuge des Älterwerdens und der eigenen Sexualisierung als irritierend, beklemmend, einengend und bedrohlich erlebt wird. Und viele Qualifizierungsbemühungen konzentrieren sich darauf, hier gutes methodisches Handwerkszeug zu entwickeln. Dass diese Praxisangebote Sinn machen und für Mädchen und Jungen ein Halt-gebender, hilfreicher Raum sein können, steht außer Frage. Dennoch sollte und muss die Vorstellung zugelassen werden, dass es auch ganz andere und eben auch vermeintlich geschlechtsunspezifische Angebote sein können, die Mädchen und Jungen auf ihrem Weg ins Frausein und Mannsein helfen können.

Gender Mainstreaming in der Kinder- und Jugendarbeit ist demnach – wie schon erwähnt – nicht als Implementierung eines bestimmten geschlechtsspezifischen Arbeitsansatzes, der als Mädchenarbeit und Jungenarbeit firmiert, zu verstehen, sondern es beinhaltet vielmehr die Anforderung zu sichern, dass Mädchen und Jungen in gleicher Weise eine attraktive Infrastruktur von Kinder- und Jugendarbeitsangeboten vorfinden, dass ihnen in gleicher Weise Ressourcen und Aufmerksamkeit zukommen. Welchen Inhalt sie haben, ob Geschlecht explizit bearbeitet wird oder nicht, ob sie ein Mann oder eine Frau anbieten, ob sie geschlechtsgetrennt oder geschlechtsgemischt stattfinden – dies alles ist für Gender-Mainstreaming-Prozesse in der Kinder- und Jugendarbeit erst einmal zweitrangig. Gender Mainstreaming ist »nicht an konkrete Arbeitsformen gebunden« (Meyer 2001b, 7) – das ist der entscheidende Punkt. Welche Arbeitsformen als Lösungsmaßnahmen initiiert werden – das ist vielmehr erst das Produkt des zuvor stattgefundenen Genderprüfungsprozesses. Von daher ist offen, zu welcher Arbeitsform das Gender Mainstreaming führt.

Szenario »Fußball mit Jungen«:
Jungenpädagogisch qualifiziert oder »just for fun«?

Wenn Jungenarbeit darauf besteht, dass das Fußballspiel erst dann zur Jungenarbeit wird, »wenn außer dem Fußball die Themen und Fragestellungen der Jungen aufgegriffen werden, die sich bei der gemeinsamen Aktivität ergeben oder die sich deuten und erschließen lassen« (Sturzenhecker/Winter 2002, 10f), ist dies legitim und zweckmäßig im Sinne der qualitativen und begrifflichen Abgrenzung von verschiedenen Jugendarbeitspraxen. Ebenso ist es fachlich zu begrüßen, wenn sich Jungen die Möglichkeit bietet, sich mit Themen, die beim Fußballspielen nahe liegen, zu beschäftigen: »Kämpfen und Fairness, Regeln und Aggression, Konkurrenz und Kooperation, Berührung, Verletzung, Körper und Sexualität, Freundschaft und Feindschaft, Beziehung zum Jungenarbeiter, zu erwachsenen Männern und Vätern, Cliquen, Normalität und Normen, männliche Stars und Helden, Alkohol und Drogen, Leben und Tod ...« (ebd. 11). Und es ist für die Jugendarbeit bereichernd, wenn hierzu Fachkräfte zur Verfügung stehen, die diese anspruchsvolle »pädagogische Kunstfertigkeit« beherrschen. Doch ob dieses Angebot zwangsläufig die passende Antwort auf eine Genderisierung der Jugendarbeit ist, steht auf einem ganz anderen Blatt. Das Fußballspiel »just for fun« kann ein ebenso wichtiger Erfahrungsraum im Zuge des Heranwachsens sein – anders zwar, aber wichtig, gerade weil er nicht pädagogisiert ist, gerade weil er an eine so demonstrative männliche Sportkultur anbindet, gerade weil er von inneren Irritationen »ablenkt« und eine sozial legitimierte Kompensation bietet, die auch Bewältigungsressourcen freisetzt.

Separierte versus integrale Gender-Ansätze

Die bisherige In-eins-Setzung der Gleichstellungsförderung mit Mädchenarbeit und Jungenarbeit hat noch einen weiteren Nachteil. Es wird verhindert zu sehen, dass Gleichstellung in der Kinder- und Jugendarbeit sich auch an ganz anderen Qualifizierungspraxen festmachen kann als an denen des Mädchenarbeitsangebots oder Jungenarbeitsangebots. Es wird davon abgelenkt, dass das Gleichstellungsklima in einer Jugendarbeitseinrichtung kaum ausschließlich davon abhängt, ob es dort geschlechtshomogene Angebote für Mädchen und für Jungen, Mädchenräume und Jungenräume, Mädchentage und Jungentage gibt.

Viel mehr als bisher geschehen, muss registriert werden, dass es neben dem Ansatz der geschlechtsspezifischen Gruppenarbeit auch die Ebene der integralen, alltäglichen geschlechtsbewussten Arbeit jenseits des Gruppenarbeitssettings gibt, die sich nicht auf einzelne SpezialistInnen, spezifische Angebote, Inhalte, Zeiten und Räume reduzieren lässt, sondern Qualitätsanforderung an ein ganzes System und die darin Tätigen ist. Diese integrale Perspektive umfasst die Gesamtgestalt einer Institution wie sie durch das Agieren von Personen, aber auch durch institutionalisierte Riten, Regelwerke, Redeweisen, Geschichten und Materialisierungen – gezielt oder auch nicht – produziert wird.

Dies umfasst dann beispielsweise auch die materielle Ebene der Räumlichkeiten. Wie sind die Räume der Einrichtungen der Kinder- und Jugendarbeit angeordnet, wie sind sie gestaltet, eingerichtet? Wie sind sie geschmückt, beleuchtet? Welche Poster hängen an den Wänden, welche Gardinen an den Fenstern, welche Lampen an den Decken? Gibt es Pflanzen, Blumen? Das leitet über zu kulturellen Gestaltungen: Welche Musik ist zu hören, welche Filme werden gezeigt, welche Speisen, welche Getränke werden angeboten, in welchem Geschirr? Dies alles sind bedeutungsvolle Zeichen, die soziale Botschaften transportieren, die mitbestimmen, wie die soziale und geschlechterdynamische Beziehungskultur in diesem Raum aussieht. Was bedeutet es für den Zugang der Geschlechter, wenn der Jugendraum im hellen Bistro-Stil oder im Stil einer Kneipe gestaltet ist. Wie wirkt es auf wen, wenn er verwahrlost ist oder gut gepflegt und ästhetisch gestaltet? Welche Folgen hat es, wenn er zentral liegt oder »weit ab vom Schuss«? Natürlich sind dies Fragen, die im Zuge der Geschlechterdebatte der Jugendarbeit in der Vergangenheit sehr wohl schon gestellt wurden, dennoch blieben sie eher randständig, hatten sie nie die Relevanz wie die Auseinandersetzung um die Installierung der Mädchenarbeitsangebote und Jungenarbeitsangebote.

Schon Mitte der 80er Jahre problematisierten Michaela Schumacher und Gitta Trauernicht in ihrer Studie zur Jugendarbeit in Nordrhein-Westfalen die Architektur von Jugendzentren als eine wenig »mädchenfreundliche«, und immer wieder lassen sich in der weiteren Folge vereinzelt kritische Vorstöße hierzu finden wie auch spannende Versuche der Gestaltung von Räumlichkeiten, die für Mädchen ansprechender sind (z. B. Sterneberg-Schmidt 1994). Es ist nicht nur die oftmals vorfindbare Nadelöhr-Architektur, die Mädchen in eine unangenehme Laufsteg-Situation bringt (Schumacher/Trauernicht 1986, Architektur 1986), sondern es können viele andere architektonische Aspekte sein, die die geschlechtsspezifische Nutzung unterschiedlich ausfallen lassen können: Einrichtungsgröße, Eingangssituationen, Übersichtlichkeit, Atmosphäre der Räume, Einrichtung – dies alles kann dafür sorgen, dass Mädchen sich eher fernhalten (Sterneberg-Schmidt 1994, 17 f).

Szenario »Jugendhaus«: Checkliste zur räumlichen Gender-Prüfung

»Fragen Sie sich für Ihre Einrichtung:

- Wo sind bei uns
  - ›Nadelöhre,
  - Laufstege,
  - Präsentierteller,
  - männliche Territorien‹?
- Welche Räume sind eher den Mädchen vorbehalten?
- Wo können Mädchen sich von Jungen ungestört aufhalten?
- Wodurch können Mädchen Räume als ›ihre Räume‹ erleben?
- Was können sie in den einzelnen Räumen machen?
- Welche Freizeitinteressen von Mädchen werden gefördert/behindert durch die vorhandene Raumgestaltung und -aufteilung?«

(ISA 1986, 175)

Solche integralen Ansätze der Gleichstellungsbemühungen in der Kinder- und Jugendarbeit gehen aber noch weiter. Sie meinen auch die vielen banalen, kleinen Situationen des pädagogischen Alltags in den Einrichtungen der Kinder- und Jugendarbeit, in denen spontan und direkt von weiblichen und männlichen Fachkräften geschlechtsbewusst reagiert und reguliert werden muss, ohne sich auf den inszenierten Mädchenarbeits- oder Jungenarbeitstermin zurückziehen zu können. Es sind dies die Situationen, wenn z. B. an der Tischtennisplatte die Mädchen von den Jungen vergrault werden, wenn sie sexistisch angegangen werden, wenn Mädchen Jungen an die »Wand reden«, sie als »Weicheier« beschimpfen, wenn sie auf der Ferienfreizeit den Jungen das Spülen aus der Hand nehmen, wenn sich das Mädchen auf der Kanufreizeit mit Menstruationsbeschwerden ins Zelt zurückzieht, wenn es kaum isst, wenn der Junge zuschlägt ...

Damit wird noch einmal in seiner Bedeutung aufgewertet, was Regina Rauw und Holger Karl betonen (1999): Geschlechtsbezogene Praxis nicht als Methode, sondern als Haltung und Sichtweise verstehen. Mädchenarbeit hört nicht auf »in geschlechtsgemischten Situationen vor und nach der Mädchengruppe. Ebensowenig kann Jungenarbeit in der Schule auf die Zeit der Jungen-AG mittwochs von 15 bis 18 Uhr beschränkt werden, sonst ist sie keine. Denn die geschlechtsbezogene Sichtweise ist keine Brille zum Auf- und Absetzen, sondern (...) eine Haltung. Diese kann sich nicht auf pädagogische Angebote beschränken, sondern wirkt auf Reflexion und Gestaltung des gesamten Umfelds ein: z. B. Architektur/Raumverteilung (...) oder die Frage von Stellenbesetzungen und Mittelverwendungen.« (Rauw/Karl 1999, 21)

Für diese geschlechtsbewusste Arbeit gibt es noch gar keinen eindeutigen Begriff. Deshalb gibt es auch keine Vorstellung dazu. Sie ist diffus, »überall und nirgends«, integral statt separiert, ohne Ort und personelle Zuständigkeit und damit schwer zu greifen. Vielleicht ist es dieses Diffuse, warum diese Ebene bisher noch zu wenig zum Gegenstand geschlechtsbezogener Professionalisierungsanstrengungen wurde, warum stattdessen geschlechtsbezogene Arbeit vorwiegend als spezifisches Angebot eingefordert wurde? Es gibt noch keinen entwickelten Diskurs dazu, wie Fachkräfte der Kinder- und Jugendarbeit die alltäglichen, in der Regel geschlechtergemischten Normalsituationen ihres pädagogischen Alltags spontan *situativ* geschlechtsbewusst gestalten können.

Szenario »Geschlechterpädagogik jenseits des geschlechtshomogenen Settings«

Erste Ansätze hierzu lassen sich z. B. im IRIS-Projekt »Jungenpädagogik« finden, das als Qualifizierungsprojekt auch weibliche Fachkräfte systematisch in seine Programme einschloss. Wohl wissend um den Fakt, dass Kinder- und Jugendarbeit in der Regel koedukativ konzipiert ist, dass die Teams vorwiegend gemischt sind, dass also Männer auch mit Mädchen zu tun haben und umgekehrt Frauen auch mit Jungen, wurden hier auch Fragen einer »Überkreuzpädagogik« (Frauen und Jungen – Männer und Mädchen) angegangen (Neubauer, Winter 2002, 19). Doch dies sind bisher Einzelfälle.

Auch wenn es sicherlich um einiges schwieriger ist, die vielen profanen Alltagssituationen geschlechtsbewusst und geschlechtergerecht zu qualifizieren, sei die Behauptung aufgestellt, dass diese Ebene wohl letztlich sogar die entscheidendere ist. Inwieweit ist die Institution darauf vorbereitet ist, in den offenen, unstrukturierten Alltagssituationen Geschlechtergerechtigkeit zu sichern. d. h. zu sichern, dass weder Mädchen noch Jungen diskreditiert werden, dass weder Mädchen noch Jungen von der jeweils anderen Geschlechtergruppe dominiert werden, und dass man angemessen auf geschlechtspezifische Problemartikulationen und konflikthafte Geschlechterinteraktionen reagieren kann?

Im Kontext des Gender Mainstreamings ist diese »integrale« Entwicklungsarbeit insofern von großer Bedeutung als hiermit auf der Ebene der potentiellen Handlungsmöglichkeiten das Spektrum wesentlich erweitert wird.

Wenn es darum geht, Ansatzpunkte zu entwickeln, mit denen auf die in einer Analyse diagnostizierte Ungleichheiten der Geschlechter effektiv reagiert werden kann, ist es von entscheidender Bedeutung, ob sich die Praxispalette ideell auf Mädchenarbeit und Jungenarbeit beschränkt oder ob sie auch darüber hinausgehende integrale Qualifizierungsinstrumente mit einschließt. Bei der Frage nach Chancengleichheit in der Kinder- und Jugendarbeit sich immer nur auf die Einrichtung von Mädchen- und Jungengruppen, Mädchen- und Jungenprojekten, Mädchen- und Jungentagen und die Einstellung von Mädchen- und Jungenarbeitern zu kaprizieren, begrenzt den Maßnahmehorizont unnötig und unproduktiv. Hier auch die Raumarchitektur oder das situative pädagogische Alltagshandeln als Ansatzpunkt von Veränderungen im Sinne der Gleichstellung zu qualifizieren, erhöht zweifelsohne die Erfolgschancen.

Pädagogik versus Infrastrukturbildung

Diese Überlegungen zur integralen geschlechtsbezogenen Arbeit verweisen auf einen weiteren Aspekt: die Tendenz, gesellschaftliche Probleme mit pädagogischen Konzepten zu beantworten. Martina Liebe erinnert zu Recht an diesen inneren Widerspruch von Jugendhilfe, dass es keine institutionalisierten Verfahren gibt, die gewährleisten, dass die aus den Lebenslagen Heranwachsender resultierenden Ansprüche an gesellschaftliche Gestaltungen in den entsprechenden administrativen Ressorts auch permanent berücksichtigt werden. »Vielmehr gehört es zur gesellschaftlichen Funktion von Jugendhilfe und Jugendpolitik, soziale Probleme zu pädagogisieren, d.h. als Probleme des individuellen Lebenslaufs zu definieren. Ihr werden die Lösung von Problemen überantwortet, deren verursachende Faktoren sie kaum wirksam beeinflussen kann.« (Liebe 2001, 101)

Diese Dilemma lässt sich auch für die Geschlechterpolitik in der Jugendhilfe nachweisen. So fällt auf, dass die Debatte stark auf pädagogische Fragen fokussiert war und ist. Auch wenn sich die entsprechenden ExpertInnen sehr wohl auch mit Jugendhilfeplanungsverfahren, mit jugend- und fachpolitischen Einmischungsmöglichkeiten beschäftigt haben, so ist doch die Entwicklungsarbeit dort am intensivsten und weitesten, wo es um die geschlechtsbezogene Qualifizierung von gruppenpädagogischen Konzepten geht. Und nicht zufälligerweise hat der Impuls des Gender Mainstreamings vor allem solche Fragen erneut in den Brennpunkt gestellt. Viele Beiträge in der Nachfolge der ausgerufenen Gender-Mainstreaming-Offensive widmen sich letztlich vor allem den pädagogischen Herausforderungen, die mit den gedanklichen und geschlechterpolitischen Neuerungen einhergehen. Wie ist das pädagogische Verhältnis zu optimieren? Man beschäftigt sich mit der Legitimation der geschlechtshomogenen Arbeitsansätzen. Es geht um die Frage, welche pädagogischen Konzepte heutzutage für Mädchen und Jungen noch passen, wenn sich so tiefgreifende soziale Veränderungen vollziehen.

Bei der Suche nach Lösungen für bestehende Geschlechterungerechtigkeiten in der Kinder- und Jugendarbeit sind natürlich pädagogische Qualifizierungen und Qualitäten ein möglicher wichtiger Ansatzpunkt. Von daher ist die Aktualisierung dieser Debatten zu begrüßen. Dies sollte aber nicht darüber hinwegtäuschen, dass die Veränderung von Strukturen immer eine ebenso relevante Interventionsebene ist. Wenn Kinder- und Jugendarbeit die Aufgabe hat, die Freizeit- und Gesellungsmöglichkeiten von Heranwachsenden zu bereichern, dann müssen die Gender-Analyse wie auch die Gender-Interventionen – jenseits pädagogischer Aspekte – immer auch auf die materielle freizeitbezogene Infrastruktur bezogen sein. Wenn es darum geht, Ungleichheiten bei den Gelegenheitsstrukturen anzugehen, treten pädagogische Fragen in den Hintergrund. Stattdessen geht es um die profanen Dimensionen von Ressourcen, Ausstattungsquantitäten und -qualitäten. Welche Orte stehen wem zur Verfügung? Wer geht wohin und wohin nicht? Was bieten diese Orte? Was kosten diese Orte?

Gleichstellungsfördernde infrastrukturelle Interventionen verlangen nach anderen als geschlechterpädagogischen Kompetenzen bei den Akteuren der Kinder- und Jugendarbeit. Wenn es um die mädchenfreundliche Umgestaltung eines Spielgeländes geht, um die Einrichtung einer Inlinerfläche, den Ausbau des Zirkusprojektes und der Hausaufgabenhilfen, die Durchsetzung eines Bistros im Jugendhaus, die Verstärkung von Vereinsangeboten, dann erfordert dies: Kommunikations- und Kooperationsfähigkeit in bezug auf jene anderen administrativen Instanzen, in deren Zuständigkeitsbereich infrastrukturellen Gestaltungen gehören, politische Einmischungsfähigkeiten, Durchsetzungskraft und Kompromissfähigkeit.

Szenario »Jugendhaus«:
Der obligatorische Mädchenraum – sinnvolle Infrastruktur?

Angetrieben durch die feministische Kritik an der offenen Jugendarbeit gehört heutzutage der Mädchenraum zur selbstverständlichen Ausstattung in vielen Jugendhäusern – oftmals irgendwo am Rande, oben unterm Dach, hinten im letzten Winkel. Diese Mädchenräume haben vielfach eine turbulente Entstehungsgeschichte. Sie durchzusetzen war mit heftigen Konflikten verbunden. Dies ist vorbei. Doch muss die Errungenschaft gleichzeitig nachdenklich machen. Abgesehen davon, dass man beim Blick in diese Mädchenräume manchmal das Gefühl hat, dass sie nicht wirklich von irgendwelchen Mädchen gebraucht werden – so wenig belebt und begleitet wirken sie –, ist die Frage, welche symbolischen Botschaften der Mädchenraum eigentlich zum Geschlechterverhältnis vermittelt. Teilt die Institution auf diese Weise nicht ungewollt mit, dass das Jugendhaus eben kein Ort für Mädchen ist? Jede räumliche Zuweisung geht einher mit räumlichen Exklusionen anderswo. Die Tatsache, dass es den Mädchenraum neben »allgemeinen Räumen« gibt, macht die »allgemeinen Räume« unter der Hand zu Jungenterrain, es wird also das bestärkt, was man doch immer aufbrechen wollte. Die institutionelle Botschaft wäre möglicherweise schon gleich anders, wenn es auch den Jungenraum gäbe. Wenn beiden Geschlechtern Rückzugsräume zur Verfügung ständen, hätte der allgemeine offene Bereich andere symbolische Botschaften, er könnte auch offensiver als kultureller Ort der Gemeinsamkeit gestaltet werden.

Denken der Vielfalt

Gender Mainstreaming hat sich immer auch der prekären Aufgabe zu stellen, nicht in schlichte Muster einfacher, dichotomer Geschlechterdifferenzen zu verfallen, in denen die Geschlechtergruppen grob polarisiert werden und vielschichtige Feinheiten und Ausdifferenzierungen abhanden kommen. Da heißt es dann: Mädchen sind so, und Jungen sind so, Mädchen sind still und Jungen sind laut, Mädchen sind kommunikativ und Jungen handfest, Mädchen sind zickig und Jungen machohaft, Mädchen gehen mit ihrem Körper vorsichtig um, Jungen riskieren ihn, Mädchen wollen Liebe, Jungen Sex, Mädchen wenden Aggressionen nach innen, Jungen nach außen. Mädchen sind auf den städtischen Nahraum beschränkt, Jungen streifen weit umher. Die Liste ließe sich endlos fortsetzen. Die Fachliteratur zur Geschlechtersozialisation ist voll von solchen Dichotomien.

Wie unpassend diese schlichten Muster sind, »wissen« im Grunde genommen alle. Schon die KritikerInnen der Geschlechterdebatte in der Jugendarbeit führten ins Feld, dass diese Zuschreibungen doch so pauschal gar nicht stimmen würden. Und auch die Gender-ExpertInnen gestehen längst zu, dass solche Einwände ihre Berechtigung haben. Sehr offen beschreibt Regina Rauw als eine von ihnen diesen Verunsicherungs- und Lernprozess: »Dies wurde mir besonders dann verdeutlicht, wenn sich bei Referaten zur weiblichen Sozialisation immer wieder Zuhörende zu Wort meldeten mit Aussagen wie: ›Bei mir war das alles anders.‹ ›Meine Tochter ist da wohl die große Ausnahme.‹ etc. Diese Einwände konnten oberflächlich dadurch entkräftet werden, dass es sich lediglich um die Beschreibung von Tendenzen weiblicher Sozialisation handele – aber genau gesehen gibt es ja nur ganz wenige solcher ›typischer‹ Frauen in meinem Umfeld, und auch sonst, wenn wir genau hinsehen – gibt es sie eigentlich überhaupt?« (Rauw 2001, 15)

Dass Mädchen nicht gleich Mädchen sind und Jungen nicht gleich Jungen, ist kein wirklicher Streitpunkt mehr. Dennoch haben wir es bei dem Geschlechterthema unentwegt mit einer merkwürdigen Spannung zu tun. Einerseits wird im Prinzip nirgendwo abgestritten, dass Mädchen und Jungen keine einheitlichen sozialen Gruppen sind, sondern dass Mädchen-sein und Junge-sein in zahlreichen Variationen gelebt wird, die phänomenologische Streubreite groß ist. Andererseits hat die begriffliche Geschlechterdichotomie weiter Bestand, feiert sie gar immer wieder neu Einstand. Geschlechterpolitik, Geschlechterpädagogik, auch Gender Mainstreaming provozieren permanent das Zusammenschnurren der grundsätzlich anerkannten Vielheiten auf zwei monolithische Einheiten, nämlich die weibliche und die männliche Kategorie. Weil wir Geschlechtszugehörigkeiten angesichts der in unserer Kulturgeschichte langandauernden dichotomisierten Denktraditionen, die dazu noch biologistisch unterfüttert sind, kaum anders als in den Polaritäten »weiblich-männlich« denken können, ist der Drang stark – sozusagen wider besseres Wissen – in einfachen Geschlechtermustern zu verbleiben. Weil noch Bezeichnungen für diese andere, vielseitige, dynamische soziale Realität fehlen, weil es möglicherweise auch unsere Denkmöglichkeiten überschreitet, greifen wir »rettungshalber« nach reduzierenden Begriffen, müssen wir dieses tun.

Uneindeutige Geschlechterdiagnosen – ein altes Thema

»›Buben sind Menschen – und Mädchen ebenso. Es gibt also keinen Unterschied zwischen beiden.‹ So sagen die einen. ›Das ist nicht wahr. Mädchen sind ruhiger, gehorsamer, ordentlicher, fleißiger, zarter.‹ So sagen die anderen. ›Aber ich mag Buben lieber. Sie sind lustig, langweilen einen nicht, sind nicht gleich beleidigt, sind aufrichtiger, haben an allem größeres Interesse und lassen sich leichter überzeugen.‹ ›Mädchen haben ein besseres Herz.‹ ›Durchaus nicht, ein Bub ist hilfsbereit und tut einem gern etwas zulieb.‹ ›Das ist nicht wahr.‹ So streiten sie und können nicht einig werden. Andere wiederum behaupten: ›Es dürfte keinen Unterschied geben. Wenn sie gemeinsam lernten, gemeinsam in die Schule gingen, wären sie einander ganz und gar ähnlich.‹ Zum Schluß weiß niemand, wer Recht hat. Eines ist jedoch sicher: Recht haben sowohl die, welche einen Unterschied feststellen, als auch die, welche die Ähnlichkeiten betonen.«

(Korczak, Janusz: Kinder achten und lieben. Freiburg im Breisgau 1998, 34)

Die Notwendigkeit der diskursiven Erfassung von Geschlechtervielheiten im Kontext eines Gender Mainstreamings ist jedoch gegenwärtig um so dringlicher als einiges darauf hindeutet, dass wir in einer Gesellschaft leben, in der die sicheren Grundlagen einer klaren Geschlechterdichotomie entschwinden. Mit den Individualisierungen haben Freisetzungen aus traditionalen Bindungen und Vorgaben stattgefunden, dies schließt auch ein: Freisetzung aus geschlechtsspezifischen Vorgaben. So bietet sich den Betrachtenden heute ein buntes Bild von geschlechtlichen Selbstinszenierungen, die sich so schnell verändern, dass sie oft gar nicht mitkommen, geschweige denn, dass Jugendforschung hier schnell genug wäre. Jugendliche finden und kreieren unterschiedlichste geschlechtsspezifische Stile wie sie auch die Stile wechseln. Dies kann sogar soweit gehen, dass geschlechtliche Zuordnungen gänzlich außer Kraft gesetzt werden, die Geschlechterdichotomie als solche brüchig wird. Es ist dies eine Annahme, die vor allem durch den Dekonstruktivismus (Butler 1991) gestützt wird. Zentral ist hier die These, dass heute die dichotome soziale Kategorie des Geschlechts erodiert. Belegt wird dies mit den Hinweisen darauf, dass sich gegenwärtig in zahlreichen Variationen kulturelle Stilisierungen finden lassen, in denen symbolisch Geschlechterirritationen, Geschlechterwechsel und Androgynität inszeniert werden. Tatsächlich scheint es an der Zeit, diese Entwicklungen in ihren praktischen Konsequenzen für eine geschlechtsbezogene Jugendarbeit offensiver zu diskutieren.

Wo Individualisierung, Pluralisierung, Mobilisierung, Medialisierung, Arbeitsmarktentwicklungen und Globalisierung Verhältnisse nicht mehr nur in der Generationenabfolge, sondern mittlerweile schon innerhalb einer einzelnen Generation umwälzen, können althergebrachte soziale Positionierungen und Klassifikationsbegriffe kaum unverändert überdauern. Dies gilt auch für eine Kategorie wie Geschlecht, auch wenn uns hier biologische Fakten als scheinbar unumstößlich-ewige, also unhistorische Grundlagen des Differenzbegriffs erscheinen.

Dies konnten wir schon bei der Entwicklung des marxistischen Klassenbegriffs erleben: Was für eine bestimmte gesellschaftliche Situation durchaus passte, nämlich die begriffliche Zweiteilung in Kapitalisten und Arbeiter wurde nach und nach von den Arbeitsmarktentwicklungen überrollt, und heute können diese Kategorien nicht mehr die modernen Realitäten ausreichend bezeichnen. Ähnliches ist in Bezug auf den Begriff der ethnischen Differenz zu erleben, wo aufgrund von verstärkten und verschiedenartigsten Migrationsbewegungen zunehmend fragwürdiger und unklarer wird, welches denn nun die Zuordnungskriterien sind, welche ethnischen Bezeichnungen für welches Individuum zu verwenden sind. Dass soziale Kategorien je nach gesellschaftlichen Entwicklungen »kommen und gehen«, dazu legt auch die Geschichte des Kindheits- und Jugendstatus ein beredtes Zeugnis ab.

»Kinder« und »Jugendliche« gab es nicht schon immer, obwohl doch auch diese Kategorie durchaus eine scheinbar körperliche Grundlage hat, sondern sie waren erst Ergebnis der gesellschaftlichen Spezialisierungsentwicklungen, die es zunehmend notwendig machten, Heranwachsenden Sonderräume vor dem »Ernst des Lebens« zur Verfügung zu stellen. Heute wird es wiederum immer schwieriger, den Kinderstatus und Jugendlichenstatus klar voneinander zu unterscheiden, Anfang und Ende präzise zu bestimmen. Vermeintliche Kinder zeigen jugendliche Verhaltensweisen, Jugendliche werden nicht erwachsen und wir haben es mit Daueradoleszenten zu tun. In den letzten Jahren tauchte gar eine dritte Alterskategorie auf, um eine neu entstandene Gruppe zwischen dem Kinder und Jugendalter zu bezeichnen: die »Lückekinder«, die weder zur einen noch zur anderen Gruppe passen. Dies sind Beispiele dafür, dass alle sozialen Ordnungskategorien immer in Bewegung sind, nichts statisches, sondern hochflexibel sind. Dies gilt prinzipiell auch für die Geschlechterkategorie.

So plädiert Corinna Voigt-Kehlenbeck zu Recht für einen offenen Blick jenseits der dichotomisierenden Raster in der Geschlechterpädagogik, der Unterstützungsbedarfe »nicht mehr allgemein und damit auch nicht mehr ausschließlich über das Geschlecht (also über allgemeine Termini wie *Mädchen brauchen, Jungen brauchen ...*) begründet« (2001, 252). Dies »erfordert auch eine Auseinandersetzung mit Jugendkulturen, die sich möglicherweise quer (...) zur Zweigeschlechtlichkeit« entwickeln (252). Damit ist nicht nur auf aktuelle soziale Phänomene des »undoing-gender« (Bilden 2001, 144) verwiesen, die den gewohnten stabilen Geschlechterbegriff fragwürdig werden lassen, sondern es ist auch eine überaus anspruchsvolle Aufgabe umrissen: unter Nutzung der dichotomisierten Geschlechterkategorie gleichzeitig ihre Ausdifferenzierung bis zur Dekonstruktion zu erfassen.

Dies unterstellt keineswegs, dass wir tatsächlich in einer Gesellschaft leben, in der Geschlecht als soziale und biografische Bezugsgröße völlig bedeutungslos wird, sondern es verweist nur auf das komplizierte und miteinander verwickelte Nebeneinander von Präsenz und Nicht-Präsenz dieser Bezugsgröße. Neben der Diffusion von Geschlechternormalitäten finden gleichzeitig Prozesse der Konstruktion und Reproduktion von Geschlechterdifferenzen statt. Sehr wohl haben Heranwachsende sich auch heute erfolgreich als Mädchen und Jungen zu inszenieren. Vielleicht kann man sogar sagen: dass die geschlechtliche Markierung gerade angesichts der gesellschaftlichen Aufbrüche und Zerfaserungen zu einer der letzten Sicherheiten geworden ist (Preuss-Lausitz 1996, 195). Wo all die alten schicksalhaften sozialen Verortungen qua Geburt als identitätsstiftende Kennzeichnung zerfallen, kann das Geschlecht zu einem letzten klaren Bezugspunkt werden. So haben wir es mit einer sozialen Widersprüchlichkeit zu tun: In einer individualisierten Gesellschaft brechen

Geschlechternormalitäten auf, verlieren sich alte Normen. Und dennoch gilt ebenso, dass gerade angesichts dessen Geschlechternormen eine besondere Relevanz erhalten. Oder anders formuliert: Gerade weil die Geschlechterkonturen uneindeutig werden, erhalten Geschlechterbilder mit besonders scharfem Profil eine besondere Attraktivität.

Geschlechtlichkeit ist kein Identitätsmerkmal, das Mädchen und Jungen *haben*, sondern ein kulturelles Zeichensystem, das unentwegt situativ und interaktiv inszeniert wird, sich also permanent je nach sozialem Kontext verändern kann. »Identitäten, auch Geschlechtsidentitäten sind nicht klar, eindeutig, selbstverständlich, wie sie es früher zu sein schienen. Sie müssen neu gedacht werden: kontingent, fluid, nur zeitweise fixiert« (Bilden 2001, 137). Sie sind »manchmal zentral, manchmal aber auch marginal« (143). Geschlechterkonturen und -unterschiede werden von Heranwachsenden errichtet und bearbeitet, aber auch wieder demontiert und unbeachtet gelassen (Kelle 2000). Dies relativiert die weit verbreitete These, dass Geschlechtlichkeit ein zentral bestimmendes, dramatisches und trennendes Biografiemoment ist, das immer und überall wirksam ist und von daher auch die Jugendarbeit durchgängig bestimmen muss.

Parallele »Migrantenkategorie«: Zuviel Vereindeutigungen!

Hier ließe sich auch einiges aus den neuesten kritischen Debatten aus der Migrationsforschung lernen. Benedikt Sturzenhecker weist auf die überschießenden Ethnisierungen bei der Beschäftigung mit Migrantenjugendlichen hin: Alles wird durch eine »ethnisierende Brille« (2001, 50) wahrgenommen und gedeutet. In der Folge werden sichtbar werdende Probleme mit Vorliebe auf diesen einen Zusammenhang reduziert und in den pädagogischen Konzepten wird die ethnische Zugehörigkeit zu einer dominanten Figur. Dabei entwickeln Migrantenjugendliche ein differenziertes Selbstbild multipler Zugehörigkeiten, in dem die Bedeutung der ethnischen Herkunft sich relativiert (ebd.). Was also für die ethnische Kategorie gilt, gilt genauso für die geschlechtliche: Ihr biografischer Stellenwert ist wechselnd und nicht per se dramatisch herausgehoben. Weder die eine noch die andere sollte von daher überstrapaziert werden. So wie die interkulturelle Jugendarbeit sich distanzieren muss von unentwegten Ethnisierungen jeglicher sozialer Phänomene, so muss auch die geschlechtsspezifische Jugendarbeit sich bewahren vor permanenten Vergeschlechtlichungen.

Geschlechternormalitäten haben sich vervielfältigt und flexibilisiert. Dies erfordert, »dass der Begriff der Sozialisation dynamisiert werden muss« (Bitzan/Daigler 2001, 25) – ein Vorhaben, das nur zu plausibel erscheint, jedoch auf die konsequente Umsetzung in der Jugendarbeit noch wartet.

Immanent beschäftigt mit diesem Vorhaben ist die Mädchen- und Jungendebatte letztlich schon lange. Möglicherweise lässt sich auch der Eklat, für den der »historische Aufsatz« (Werthmanns-Reppekus 2002 b, 2) von Dorit Meyer und Gerlinde Seidenspinner zum Paradigmenwechsel in der Mädchenarbeit (1998) sorgte, damit erklären, dass hier das erste Mal auf sehr radikale Weise etwas offengelegt wurde, das unterschwellig schon länger Unbehagen verursachte. Die damalige auf dem Hintergrund dekonstruktivistischer Theoriekonstrukte vorgebrachte Kritik an den einfachen Geschlechterdichotomien in der Mädchenarbeit, das Plädoyer für eine theoretische und praktische Überwindung dieser kategorialen Verengungen benannte nicht etwas völlig Neues. Aber es enttarnte etwas, dessen systematische Bearbeitung bislang vermieden worden war. Möglicherweise traf es deshalb besonders?

So wichtig dieser Impuls war, so ungeklärt ließ er doch die Frage der praktischen Konsequenzen, wie Corinna Voigt-Kehlenbeck kritisch anmerkt (2001, 8). Vielleicht war und ist es dafür zu früh? Die nachfolgende Kontroverse kreiste denn auch mehr um die theoretische und empirische Stichhaltigkeit des dekonstruktivistischen Paradigmas als dass sie die Frage der praktisch-konzeptionelle Konsequenzen weiterentwickelt hätte. Zwar wird in der Nachwirkung des »Paradigmenwechsels« von der Mädchenarbeit mittlerweile vermehrt und selbstverständlicher gefordert, »die vorhandenen Konzepte parteilicher Mädchenarbeit selbstkritisch auf Klischees in den *transportierten Mädchenbildern und Realitätskonstruktionen* zu überprüfen«, die »begonnene *Ausdifferenzierung der Arbeitsansätze* in der Mädchenarbeit fortzusetzen und Angebote weiter auf die sich vervielfältigenden Lebenslagen von Mädchen abzustimmen« (Weber 2002, 730), doch bleibt es bisher bei diesen programmatischen Aussagen.

Als eine Ausnahme sei die Studie von Andrea Schmidt genannt, die versucht dekonstruktivistisches Denken für die Pädagogik, insbesondere für die Mädchenarbeit anhand von konkreten Fallgeschichten aus der Praxis fruchtbar zu machen (2001). Es ist als Absage an pädagogische Konzepte zu lesen, die aufgrund eindeutiger geschlechtsspezifischer Bestimmungen wenig offen und »in der Schwebe« halten (275) und normativ »auf etwas« hinarbeiten (279). Ähnliches versucht Olav Stuve, der die Praxis einer »nicht-identitären« Jungenarbeit entwirft (2001). Damit sind wir im übrigen bei ganz allgemeinen pädagogischen Problemstellungen. Sie haben keine geschlechterpädagogische Exklusivität (Fritzsche u. a. 2001), stellen sich nur hier wahrscheinlich aufgrund ideologisch und normativ stark aufgeladener Diskurse besonders scharf

Der geschlechtsbezogene Fachdiskurs in der Jugendarbeit bewegt sich derzeit in der Spannung, sehr wohl die Existenz von Geschlechtervielheiten anzuerkennen, und sie dennoch immer wieder zu unterschlagen, unterschlagen zu müssen. Susanne Maurer beschäftigt sich mit diesem Dilemma, und sie problematisiert exemplarisch die inneren Widersprüche der »Konstellationen des Vielfältigen«: »Hieraus ergeben sich gewisse Schwierigkeiten für *zielgerichtete Politiken*, aber auch für eine pädagogische Praxis, die darauf angelegt ist, mit ganz bestimmten *Zielgruppen* zu arbeiten. In welcher ›Eigenschaft‹, in welchem Aspekt wird eine Person wann von wem behandelt oder angesprochen? Die Kategorien vermischen sich und wechseln in ihrer Bedeutung. Wie können vor einem solchen Hintergrund Problemdefinitionen angemessen formuliert werden, die sozialpädagogisches Handeln erforderlich machen? Wie lässt sich vor einem solchen Hintergrund Mädchenarbeit (und Jungenarbeit) legitimieren?« (Maurer 2002, 317). Es gibt also nachvollziehbare gute Gründe, die Geschlechterkategorien als geschlossene zu denken.

Den radikalisierenden Gegenpol beziehen dekonstruktivistisch inspirierte VertreterInnen wie Dorit Meyer, wenn sie ausführen:

»Wo (...) die Annahme einer rigiden Zweigeschlechtlichkeit das Denken und die Wahrnehmung der MitarbeiterInnen strukturiert, wird sie gewollt oder ungewollt auf das pädagogische Handeln zurückwirken (...) Das Bewusstsein und die Reflexionsfähigkeit der MitarbeiterInnen zu schulen, ihnen Auseinandersetzungen anzubieten, sie dafür zu interessieren, sich der Geschlechterthematik zuzuwenden und mit ihr zu experimentieren, scheint mir eine zentrale Aufgabenstellung im Zuge von Gender Mainstreaming zu sein, auch damit die Auseinandersetzung um Identität, Geschlechtszugehörigkeit und Begehren wieder als spannendes Untersuchungsfeld in der Vordergrund tritt. Dies schließt ein, die pädagogischen MitarbeiterInnen zu einem Denken in Mehrdeutigkeiten zu ermutigen, damit auch solche Denk- und Wahrnehmungsmuster Raum gewinnen, die Perspektiven jenseits des rigiden Systems der Zweigeschlechtlichkeit eröffnen.« (Meyer 2001 b, 7)

Dies alles verweist auf die enormen Entwicklungsherausforderungen eines Gender Mainstreamings in der Kinder- und Jugendarbeit. Sein Erfolg wird sich auch daran entscheiden, inwieweit es gelingt, in den verwirrenden Turbulenzen zwischen einerseits der Realität von Geschlechterdiffusionen und andererseits einer völligen Handlungsunfähigkeit aufgrund solcher Diffusionen dennoch einen produktiven Weg zu finden. Wie entsprechende Praxisanalysen und -konzepte aussehen können – dies ist noch eine offene Zukunftsaufgabe. Doch es macht zumindest alle Geschlechteranalysen fragwürdig, die sich nicht um weitergehende Differenzierungen bemühen, die nicht immer im Blick haben, dass hinter der Geschlechterunterscheidung viele weitere soziale Kategorien von großer Relevanz sein können: In welchem Alter sind die Mädchen und

Jungen, auf welche Schulen gehen sie, aus welchen Elternhäusern kommen sie, aus welchen Wohnquartieren kommen sie, welchen Subkulturen gehören sie an, welchen Fankulturen, welchen Cliquen ...? Es macht ebenso alle Gleichstellungsinitiativen fragwürdig, die mit vereinheitlichenden, zuschreibenden und normativen Mustern argumentieren, wie es Voigt-Kehlenbeck oben benannt hat: Mädchen brauchen dieses, Jungen brauchen jenes.

Wenn Jugend heute – und das gilt für Mädchen wie für Jungen – durch die Aufgabe gekennzeichnet ist, sich über originelle Stile und »gender-Patchworks« untereinander in den Geschlechtergruppen abzugrenzen, stehen Angebote dem entgegen, die Mädchen als Mädchen und Jungen als Jungen in Angeboten zusammenfassen wollen, also Binnendifferenzierungen außer acht lassen. Und wenn dazu die Bedeutung von Geschlechtlichkeit situativ variiert, aufgeladen, aber auch neutralisiert wird, dann haben es Angebote schwer, die die Geschlechtlichkeit für die Zielgruppen so zentral in den Mittelpunkt stellen und dramatisieren, wie dies Mädchenarbeit und Jungenarbeit gegenwärtig tun. Dies könnte erklären, warum die Mädchengruppen und Jungengruppen bei den AdressatInnen nicht immer Zuspruch finden. Die Herausforderung für eine geschlechtsbezogene Jugendarbeitspraxis besteht heute darin, die kulturellen Ausdifferenzierungen in den Mädchenwelten und Jungenwelten angemessen zu berücksichtigen wie auch das widersprüchliche Nebeneinander von Geschlechterinszenierung und -demontierung passend aufzugreifen.

Sozialräumliches Gender Mainstreaming

Geschlechtergleichstellung in der Kinder- und Jugendarbeit – dies wurde bisher zuerst und vorwiegend als eine einrichtungsbezogene Aufgabe gedacht. Die Anfänge der geschlechterkritischen Debatte waren ausgelöst durch die Beobachtung, dass Mädchen in den Jugendhäusern zahlenmäßig kaum vertreten waren. Jugendarbeit war de fakto Jungenarbeit – zumindest gemessen am Geschlecht der Nutzer – so lautete die Kritik. Die Unterrepräsentanz der Mädchen wurde als Indikator für eine Geschlechterungerechtigkeit angesehen. Infolgedessen waren die Bestrebungen darauf gerichtet, den Mädchenanteil in den Einrichtungen zu erhöhen oder aber – weil dieses Unterfangen trotz aller engagierter Bemühungen so wenig erfolgreich war – eigene Einrichtungen für Mädchen durchzusetzen. Der Mädchentreff sollte dann sozusagen im Sinne der Gerechtigkeit ausgleichen, dass das Jugendhaus nur ein Ort für Jungen war.

Ähnliches lässt sich in den Jugendverbänden beobachten. Auch hier wurden immer wieder die Mitgliederstatistiken der einzelnen Verbände nach Geschlecht ausgezählt – mit dem Ergebnis einer häufigen zahlenmäßigen Unterrepräsentanz der Mädchen, vor allem auch in den politischen Vertretungsgremien und Leitungspositionen. Als Antwort darauf wurden Initiativen zur Mädchenförderung eingeklagt.

Kennzeichnend für dieses Vorgehen ist das Isolierende und Segmentierende. Es werden nur abgeschlossene Institutionen für sich in den Blick genommen und geschlechterkritisch überprüft und bearbeitet – sei es das Kinderhaus, das Jugendzentrum oder der Verein, der Verband. Es wird eine organisatorische kleine Einheit untersucht, nicht ein größeres institutionelles System. Dieses Vorgehen hat seine Berechtigung und gehört zum festen Bestandteil von Gender Mainstreaming Prozessen in der Kinder- und Jugendarbeit. Doch es bleibt dabei vieles außen vor, was ein effektives Gender Mainstreaming gleichzeitig verhindert. Es entsteht ein konzentrierter »Tunnelblick«, bei dem umgebende Realitäten nur unzureichend aufgenommen und verarbeitet werden.

Außen vor bleibt beispielsweise der vergleichende Blick auf andere Institutionen in der Nachbarschaft – also der Blick auf das systemische Gefüge, in dem sich die eigene Einrichtung befindet. Er könnte dann klären, ob Mädchen, die man z. B. im eigenen Jugendhaus weniger antrifft, auch ansonsten nirgendwo in ihrer Freizeit institutionell versorgt werden oder ob sie stattdessen – sozusagen im Ausgleich – vermehrt an anderen institutionellen Orten zu finden sind. Vielleicht gibt es ein anderes Jugendhaus, das von Mädchen gut frequentiert wird, vielleicht gibt es auch Vereine, kommerzielle Freizeitorte, informelle Treffs, an denen sie sind? Das derzeit vorhandene empirische Wissen deutet zumindest darauf hin, dass es durchaus solche alternativen Orte im lokalen Umfeld geben könnte. Von den musisch-kreative Angeboten, Jugendbildungswerken, Kinder- und Jugendbüchereien, Pferdehöfe und Tierfarmen oder von spezifischen Sportangeboten wird zumindest häufig berichtet, wie es sich z. T. auch statistisch belegen lässt, dass sie Orte sind, die Mädchen gut oder sogar mehr als Jungen binden.

Szenario »Kinder- und Jugendbibliothek«

Der aufmerksame Blick auf die Freizeitorte, die von Mädchen gut genutzt werden, kann im Kontext des Gender Mainstreaming ganz neue mädchenpolitischen Maßnahmen und Bündnisse auf den Weg bringen. Während bis dahin Mädchenpolitik immer hieß, sich für Mädchenprojekte einzusetzen, kann es jetzt auch um »Mädchenunspezifisches« gehen. Da kann z. B. die drohende Schließung der Kinder- und Jugendbibliothek als Einschnitt sichtbar werden, der in erster Linie Mädchen betreffen würde. Ohne dass diese Institution jemals explizit als Angebot für Mädchen konzipiert worden ist, würde die Schließung doch letztlich vor allem die kulturellen Freizeitmöglichkeiten von Mädchen verarmen lassen. So würde also der Protest gegen diese Schließung zu einer mädchenpolitischen Maßnahme.

Außen vor bleibt bei diesem, auf die einzelne Einrichtung konzentrierten Prüfblick auch, welche Jungen eigentlich in den Jugendhäusern ihren Platz so gut finden. Letztlich werden nachgewiesenermaßen nur ein Bruchteil der Heranwachsenden von diesen Angeboten erreicht, es gibt also auch sehr viele Jungen, die dort keinen Platz finden. Zugespitzt: die Mehrheit der Mädchen wie auch der Jungen sind *nicht* JugendhausbesucherInnen, die angenommene Geschlechterungleichheit relativiert sich also. Die Meldungen von den männlich besetzten Jugendhäusern, die so erst mal ihre Richtigkeit haben, verleiten zu völlig überzogenen Bildern zum Stellenwert der Jugendhäuser in den Jungenwelten und zu unnötigen Dramatisierungen zu Geschlechterungleichheiten, wenn man dies aus dem Blick verliert. Es verhindert danach zu suchen, warum denn auch so viele Jungen nicht in die Jugendhäuser gehen und wo sie warum stattdessen in ihrer Freizeit sind.

Außen vor bleibt schließlich auch, dass es möglicherweise lebensweltlich durchaus Sinn machen kann, dass einzelne Jugendarbeitsorte von einer Geschlechtergruppe dominiert werden. Wenn sich Jugendliche in subkulturellen Cliquen stilisieren und abgrenzen und dabei auch die Geschlechterlinie eine Gemeinsamkeit stiftende Identitätsfigur ist, dann muss Jugendarbeit diese Absonderungen ernst nehmen und Räume dafür zur Verfügung stellen. Ein Beharren auf den gleichen Zugang für beide Geschlechter scheint hier wenig angebracht. So wie offene Jugendarbeit längst die Illusion aufgeben musste, ein Sammelbecken für alle Jugendliche eines Stadtteils sein zu können, so wie sie registrieren musste, dass sie immer nur ein Ort für einzelne Cliquen und Szenen ist, so gilt für Kinder- und Jugendarbeit insgesamt, dass ihre Räume zur Herstellung und Ritualisierung von Geschlechtergruppierungen gesucht werden können. Dies betrifft nicht nur die offene Jugendarbeit, bei der sich solche Erscheinungen bisher am stärksten manifestiert haben. Es betrifft ebenso Jugendverbände, hält man sich die verschiedenen jungenlastigen Vereine vor Augen, wie z. B. Schützen, Fußball, Angelsport oder Schach.

Trotz aller geschlechtsbezogenen Öffnungen in einer pluralisierten Welt ist das jugendliche Bedürfnis nach Gruppenzugehörigkeiten immer auch eines nach geschlechtsbezogenen Zugehörigkeiten. Es kann stärker und weniger stark ausgeprägt sein, es kann phasenweise dominieren, dann wieder nachlassen. Solange es besteht, hat es zur Folge, dass Kinder- und Jugendarbeit immer auch mit Gruppen mit ausgeprägten geschlechtsspezifischen Exklusionspraxen zu tun hat, die dafür sorgen, dass das andere Geschlecht nicht »reinkommt« – und wenn doch, dass es dann stark reglementiert wird. Das gilt für Jungengruppen, wo dies immer wieder kritisiert wurde. Aber auch Mädchengruppen stehen den Jungengruppen hier nicht nach. So wie das Mädchen im Computer-Clan einen schweren Stand hat, hat dies der Junge genauso in der Voltigier- und Flötengruppe.

Kinder- und Jugendarbeit muss solche sozialen Verortungsmechanismen ernst nehmen. Es ist anzuerkennen, dass Mädchen möglicherweise keinen Raum in einem Jugendhaus oder in einer Vereinsgruppe finden *können* und dass auch Jungen an einzelnen Freizeitorten von solchen Ausgrenzungen betroffen sind. Und es ist auch zu registrieren, dass immer auch Mädchen von ihren eigenen Geschlechtsgenossinnen ausgegrenzt werden wie auch Jungen erleben, dass sie von ihren eigenen Geschlechtsgenossen ausgegrenzt werden. Soziale Trennlinien verlaufen keineswegs nur entlang der Geschlechterlinie. Dies darf jedoch nicht naiv übersetzt werden als Legitimation für ausbleibende Gleichstellungsinterventionen. Parallel läuft immer die Aufforderung mit kritisch zu prüfen, was der praktizierte Ausschluss für die ausgeschlossene Geschlechtergruppe – vielleicht auch die eingeschlossene – bedeutet. Wird dennoch Zugang von Ausgeschlossenen gewünscht? Wie ist die Situation für einzelne »GrenzüberschreiterInnen«? Wie viele Ressourcen werden gebunden? Gibt es ausreichend Alternativen für die Ausgeschlossenen?

Ein Gender Mainstreaming, das quantitative Repräsentanzen in einer Organisation zur ausschließlichen Mess- und Bewertungsgröße macht und das streng quotiert Gleichverteilung an allen Freizeitorten der Kinder- und Jugendarbeit durchsetzen will, erscheint auf dem Hintergrund dieser Überlegungen wenig sinnvoll. Es würde jugendkulturelle Zuordnungspraxen missachten. Misserfolge wären sozusagen vorprogrammiert, weil die Eigenlogiken jugendlicher Lebenswelten übergangen würden.

Dies alles läuft auf eines raus: Ein effektives Gender Mainstreaming in der Kinder- und Jugendarbeit ist nur über eine sozialräumliche Perspektive zweckmäßig zu praktizieren. Dieses vielbenutzte Paradigma, das aktuell in den Kommunen für weitreichende institutionelle Umstrukturierungen in der Jugendhilfe sorgt, bietet somit günstige Anschlussmöglichkeiten an das Gender-Mainstreaming-Konzept. Und es liegt eigentlich nahe, beide Reformprozesse stärker systematisch zu synthetisieren als dies bisher geschieht. Die Sozialraumdebatte zeigt sich jedenfalls momentan relativ Gender-los und völlig unbeeindruckt von den Setzungen des neuen geschlechterpolitischen Konzeptes. Die Anforderungen des Gender Mainstreamings sind hier noch nicht angekommen. Umgekehrt finden sich nur wenig Impulse im Geschlechter-Diskurs der

Jugendhilfe, sich offensiv in die Sozialraumdebatte einzumischen (Rose 2002). Eher werden gerade von Seiten der Mädchenarbeit die sozialräumlichen Umgestaltungen in den Kommunen mit einer erheblichen Skepsis verfolgt, weil im Zuge dessen die gewachsenen stadtteilübergreifenden mädchenspezifischen Vernetzungsstrukturen von Mädchenarbeit bröckeln oder gänzlich verloren gehen (Krajczy 2001, 63).

Ein sozialräumliches Gender Mainstreaming bedeutet: Neben der einrichtungsbezogenen Prüfung muss immer auch die Infrastruktur der Kinder- und Jugendarbeit eines gesamten lokalen Feldes einer Analyse unterzogen werden. Es ist ein ganzes System zu betrachten, nicht nur ein isoliertes Einzelteil. Dieses System umfasst im Falle der Kinder- und Jugendarbeit: offene Kinder- und Jugendarbeit, Jugendverbandsarbeit, Freizeitangebote in der Schule am Nachmittag, öffentliche Spiel- und Bewegungsräume, auch kommerzielle Angebote.

Szenario »Sozialräumliche Erkundung der Mädchen- und Jungenwelten«

Der Sozialraum ist darauf hin zu befragen:

- Was wird Kindern und Jugendlichen, Mädchen und Jungen wo von wem im Stadtteil geboten?
- Wer nimmt was wo in welcher Intensität wahr?
- Wer ist kaum zu finden? Wo sind keine Mädchen, wo keine Jungen? Welche Mädchen sind es genau, welche Jungen sind es genau?
- Welche Mädchen und welche Jungen werden überhaupt nicht versorgt durch die Kinder- und Jugendarbeit? Warum? Haben sie anderes – z. B. Hortbetreuung oder kommerzielle Angebote – oder verweist es auf bisher übersehene Bedarfe, auch institutionelle Zugangsbarrieren bei diesen Gruppen?
- Für wen erzeugen die Institutionen der Kinder- und Jugendarbeit warum Zugangsbarrieren? Wie sind sie anzugehen?
- Wie viele Ressourcen werden für welche Geschlechtergruppen wo gebunden? Welche Mädchen profitieren von welchen Angeboten? Welche Jungen profitieren von welchen Angeboten?

Erst das Zusammenführen und Aufeinanderbeziehen dieser sozialräumlichen Informationen erlaubt eine angemessene Einschätzung zu möglichen Geschlechterungleichheiten in der Kinder- und Jugendarbeit. Die isolierende Fokussierung auf einzelne Einrichtungen begrenzt wichtige Erkenntnismöglichkeiten. Es verleitet dazu, einzelne Befunde vorschnell zu verallgemeinern. Aus der Wahrnehmung, dass in einem Jugendhaus sich mehrheitlich Jungen aufhalten, wird dann die Bestätigung der Formel: Jugendarbeit ist Jungenarbeit. Es verhindert auch ein angemessenes Begreifen und Bewerten der zutage getretenen Befunde.

Nicht nur die Gender-Analyse, sondern ebenso die Gender-Maßnahmen sind nur sozialräumlich sinnvoll zu gestalten. Auf diese Weise können Arbeitsteilungen zwischen einzelnen Jugendarbeitsanbietern abgestimmt werden. Nicht jede Einrichtung muss für alle Bedarfe von Mädchen *und* Jungen etwas bieten. Spezialisierungen sind produktiv – auch beim Gender Mainstreaming. Sie brauchen aber immer die kontrollierende Einbindung in einen Gesamtkontext, um eventuelle geschlechtsspezifische Ungleichheiten aufzufangen. Eine sozialräumliche Maßnahmenplanung kann zudem besser auf Veränderungen bei den Zielgruppen reagieren. Und sie kann weitaus nachhaltiger einen Lebensraum für beide Geschlechter verbessern. Wie dies aussehen kann, hat der Mädchentreff MaDonna Mädchenkult.Ur in Berlin beispielhaft vorgeführt, der seine ursprüngliche Zielgruppenorientierung durch eine starke Gemeinwesenorientierung ergänzt hat (Heinemann 2000).

Gender Mainstreaming kann nicht heißen, Chancengleichheit in allen einzelnen Einrichtungen der Kinder- und Jugendarbeit herzustellen, sondern muss sichern, dass in einem sozialen Raum für Mädchen und Jungen ebensoviel und ebenso Gutes zur Verfügung gestellt wird. Der Gender-kritische Punkt ist nicht, ob ein Freizeitraum von einer Geschlechtergruppe zahlenmäßig dominiert wird, sondern ob in einem lokalen Lebensraum eine Geschlechtergruppe systematisch vernachlässigt wird, was ihre Freizeitorte betrifft. Ob die vielzitierte, fast ausschließliche Nutzung des Bolzplatzes durch Jungen eine Geschlechterungleichheit bedeutet, kann sich erst entscheiden, wenn ein Überblick dazu da ist, an welchen institutionellen Orten Mädchen in dem jeweiligen Quartier in ihrer Freizeit sind. Vielleicht findet sich im Stadtteil eine Bibliothek, die wiederum überwiegend von Mädchen besucht wird? Vielleicht gibt es solche ausgleichenden Orte nicht, dann wäre tatsächlich Handlungsbedarf im Sinne des Gender Mainstreamings gegeben.

Sozialräumliches Gender Mainstreaming bedeutet in der Konsequenz dann auch, auf normative Bestimmungen dessen, was ein angemessenes Angebot für Mädchen oder Jungen ist, weitestgehend zu verzichten. Bislang wurde oftmals eher gegenläufiges praktiziert, wenn bei der Vermessung der Angebotslage für Mädchen nur die expliziten Mädchenarbeitsangebote gezählt wurden. Gerade Mädchenarbeit tat sich immer schwer damit, alles, was Mädchen in Anspruch nehmen, auch in entsprechende Bestandsaufnahmen einzubeziehen. Die Scheu war und ist groß, Mädchenarbeitsangebote gleichwertig auf eine Stufe mit den vielen anderen Freizeitorten für Mädchen zu stellen, die nicht explizit als Mädchenarbeit konzipiert sind. Eine normativ begründete Ausgrenzung bringt für eine Gender-Prüfung jedoch unheilvolle Verwicklungen. Denn: Wer will beurteilen, was nicht gezählt werden darf und welche normativen Kriterien werden an die von Jungen frequentierten Orte gelegt?

Szenario »Internationaler Jugendkongress«

»Nehmen wir einmal an ...: Das Land Hessen veranstaltet einen 14-tägigen internationalen Jugendkongress. Auf dem Kongressgelände fehlen Begegnungs-, Sport- und Freizeit-Gelegenheiten und entsprechende Aktionsprojekte für die vielen erwarteten TeilnehmerInnen. Zur Abhilfe der Situation werden 100.000 Euro an Zuschüssen bereitgestellt. Ein Ideen-Wettbewerb ergibt 10 förderungswürdige Projekte.«

Auswahl vor Einführung von GM:
Platz Nr. (1): Projekt »Skaterplatz«, Kosten: 50.000,– Euro, Platz Nr. (2): Projekt »Internet-Café«, Kosten: 30.000,– Euro, Platz Nr. (3): Projekt »Hiphop & Karaoke«, Kosten: 20.000,– Euro.

Auswahl nach Einführung von GM:
»Beim Projekt ›Skaterplatz‹ wurde festgestellt, dass bezüglich der Zeit-Ressource die Jungen bevorteilt wären, weil sie gemäß einschlägiger Untersuchung zu 80 % diese Einrichtung nutzen. ... Beim Projekt ›Internet-Café‹ wurde festgestellt, dass auch hier die Jungen mit etwa zwei Dritteln (67 %) der Nutzung von Raum und Zeit bevorteilt sind. Beim Projekt ›Hiphop & Karaoke‹ wurde ermittelt, dass auch hier eine sehr starke Ungleichheit existiert: ›Hiphop‹ wird zu 80 % von Jungen, ›Karaoke‹ zu 80 % von Mädchen betrieben. Eines der beiden für sich genommen könnte daher nicht unter GM-Kriterien gleiche Teilhabe sichern, beide zusammen mit gleicher Verteilung von Raum und Zeit hätten im Ergebnis aber eine gleiche Teilhabe zur Folge.«

Dieser Überlegungen führen zu folgendem Ergebnis:
»Auswahl von Projekt (3) war unproblematisch, weil hier zwei verschiedene Teilprojekte im Endeffekt gleiche Teilhabe von Mädchen und Jungen ermöglicht. ... Dies ist übrigens auch ein gutes Beispiel dafür, dass GM eben nicht zur formalen ›Gleichmacherei‹ der Angebote/Projekte führt, sondern ... sehr viele Gestaltungsmöglichkeiten eröffnet. Das Projekt Nr. (2) ›Internet-Café‹ wurde durch interne Maßnahmen stark verändert, damit Mädchen gleiche Teilhabe erreichen können. Dies gelang ... durch eine Struktur-Änderung, die die Öffnungszeiten so regulierte, dass an drei Tagen pro Woche (Di, Do, Sa) das Internet-Café nur für Mädchen zur Verfügung gestellt wird. ... Bei Projekt Nr. (1) ›Skaterplatz‹ konnte ... keine Maßnahme gefunden werden, die eine gleiche Teilhabe sichergestellt hätte, daher wurde – auch angesichts der hohen finanziellen Belastungen – dieses Projekt gestrichen. ... Die dadurch frei gewordenen Mittel wurden dann für vier weitere förderungswürdige Projekte eingesetzt ...«

Projekt	Nutzungsverteilung Jungen	Nutzungsverteilung Mädchen	Ressourcen-Verteilung (Euro) Jungen	Ressourcen-Verteilung (Euro) Mädchen
Folk-Dance	55%	45%	5.500,-	4.500,-
Fitness-Angebot	70%	30%	10.500,-	4.500,-
Internationales Kochen	20%	80%	3.000,-	12.000,-
Gender-Theater	60%	40%	6.000,-	4.000,-
gesamt			**25.000,-**	**25.000,-**

(Schröder 2002, 1 ff)

Vernetzungs- und Dialogfähigkeit

Die Bewältigung dieser Aufgabe verlangt nach entsprechenden sozialräumlichen Vernetzungen in der Kinder- und Jugendarbeit. Sie erfordert ein einrichtungsübergreifendes, breites Arbeitsbündnis zum Thema Gleichstellung, das alle relevanten Anbieter der Kinder- und Jugendarbeit zusammenführt.

Was im Prinzip einsichtig erscheinen mag, stößt jedoch auf dieselben Schwierigkeiten wie sie schon im Zuge der Sozialraumorientierung in der Jugendhilfe sichtbar wurden. Ein sozialräumliches Gender Mainstreaming steht in einer kaum auflösbaren Spannung zur Institutionenlogik. Einrichtungen der Kinder- und Jugendarbeit pflegen auf diesem Hintergrund immer auch egozentrische, selbstschützende und selbstbewahrende Haltungen, sind darauf bedacht, »gut dazustehen«, müssen bestrebt sein, sich zu profilieren und die eigene Position zu stärken. Auch wenn die einzelnen Einrichtungen die gleiche Aufgabe haben, nämlich die Schaffung einer guten freizeitbezogenen Infrastruktur für Heranwachsende, stehen sie doch auch in Konkurrenz zueinander. Dies macht die neu geforderten Kooperations- und Vernetzungspraxen schwierig. Sie verlaufen oft genug zäh, konfliktträchtig, ineffektiv.

Zu erwarten ist, dass dies für ein sozialräumliches Gender Mainstreaming ähnlich aussieht. Vielleicht potenzieren sich hier die zersprengenden Kräfte sogar. Auch hier gibt es bekanntlich viele Faktoren, die eine produktive Zusammenarbeit zwischen Einrichtungen stören oder auch vollständig blockieren können. Historische Abgrenzungen und Diffamierungen, ideologische Differenzen, die bis hin zu persönlichen Antipathien führen, Ängste um Zurücksetzungen und Mittelverluste – dies alles birgt erhebliche Sprengkraft. Es gibt die Trennlinien zum einen zwischen den Anbietern geschlechtsbezogener und nicht-geschlechtsbezogener Kinder- und Jugendarbeit, zum anderen zwischen Mädchenarbeit und Jungenarbeit. Und wo das Geschlechterverhältnis immer als eines von Herrschaft, Unterdrückung und Macht konstruiert wurde, die Frage von Ungleichheiten immer machtpolitisch und aggressiv aufgeladen war, bleibt nicht aus, dass der Diskurs zwischen weiblichen und männlichen Fachkräften, zwischen den spezialisierten Gender-ExpertInnen und den »Gender-unbedarften« Kinder- und JugendarbeiterInnen belastet, angespannt und gefährdet ist.

Die andauernden Erfahrungen von ungesicherter Existenz, spärlicher Förderung, Einrichtungsgefährdungen, verweigerter Anerkennung und des Übergangenwerdens haben in der Mädchenarbeit dazu geführt, eine stark selbstbezogene Vernetzungskultur auszubilden. Für die Jungenarbeit stellt sich die Situation auch nicht besser dar. Kritisch beäugt sowohl vom Jugendarbeitsmainstream wie auch von der Mädchenarbeit könnte es auch für sie schwierig sein, sich zu öffnen. So stellen Gunter Neubauer und Reinhard Winter nach ihrem geschlechterpädagogischen regionalen Fortbildungs- und Vernetzungsprojekt fest, dass »die Vorstellung einer geschlechterübergreifenden Fach-Arbeitsgemeinschaft ›Gechlechterdifferenzierung‹ im Sinn des Grundauftrags des KJHG für viele noch unvorstellbar« ist und »als Verlust des jeweils Eigenen im Bereich von Jungenarbeit und Mädchenarbeit gewertet« wird (Neubauer/Winter 2002, 26).

Angesichts dessen kann die relativ unterentwickelte sozialräumliche Vernetzung zum Gechlechterthema nicht weiter erstaunen. Zu finden ist stattdessen die ausgeprägte Kultivierung einer relativ abgeschlossenen und auf sich selbst bezogenen Kommunikation in der Mädchenarbeit – und auch in der Jungenarbeit. In den letzten Jahren sind in den Kommunen Mädchenarbeitskreise in großer Geschwindigkeit und enormer Zahl entstanden, auch überregionale Vernetzungszusammenhänge wie Landesarbeitsgemeinschaften bis hin zu einer Bundesarbeitsgemeinschaft sind gegründet worden, in denen institutionell abgesichert die Situation von Mädchen pädagogisch und politisch thematisiert wird. Diese Orte bergen die Gefahr der Blickverengung, die kaum zu verhindern ist – auch nicht durch »gute Vorsätze«. So weist zwar Maria Bitzan zu Recht darauf hin, dass nicht »Harmonie oder falsches ›Verständnis‹, sondern Genauigkeit, Nachfragen, Entselbstverständlichung« (2000, 158) notwendig sind, um die weiblichen Lebenswelten angemessen zu verstehen und politisch handeln zu können. Doch wie kann Querliegendes in institutionalisierten Gruppen wahrgenommen und gedacht werden, die zwangsläufig einen inneren diskursiven Mainstream ausbilden – sonst wären sie keine Gruppe? Zumindest besteht eine grundsätzliche Spannung zwischen Gruppenbindung und gedanklicher und wahrnehmender Offenheit.

Vernetzungen zur Mädchenarbeit und Jungenarbeit haben ihre wertvolle Funktion als Selbstvergewisserungsbasis und Ort des Vorantreibens von fachlichen Spezialisierungen. Unergiebig werden sie jedoch, wenn das »Unter-sich-sein« dazu führt, dass Realitäten nur noch ausschnitthaft wahrgenommen und verarbeitet werden. Die Tatsache, dass Mädchenarbeit und Jungenarbeit sich bewusst durch spezifische fachliche Standards – der Geschlechtshomogenität, Parteilichkeit und der expliziten Geschlechtsthematisierung – definieren, hat zur Folge, dass es nur wenig Kommunikationskultur mit jenen Institutionen gibt, die auch mit Mädchen und Jungen zu tun haben, sich jedoch nicht mit diesen Grundsätzen identifizieren. Gerade weil Mädchenarbeit und Jungenarbeit erfolgreich Vernetzungen zwischen all jenen Fachkräften aufgebaut hat, die sich parteilich und emanzipatorisch Mädchen und Jungen zuwenden, sind zu wenig Verbindungen zu jenen Fachkräften vorhanden, die sich auch Mädchen und Jungen zuwenden, aber unter anderen Vorzeichen. Mehr noch: Es sind Trennlinien bis hin zu arroganten Abgrenzungshaltungen entstanden, die ein sozialräumliches Gender-Bündnis erschweren.

Das Gender-Thema ist eben nicht ein Fachthema wie jedes andere, sondern es hat schon eine Vorgeschichte, die es für alle Beteiligten hochgradig emotionalisiert. Da nützt auch der Appell an Sachlichkeit nicht viel. Vielmehr ist diese Realität zum einen zu registrieren, zum anderen müssen kulturelle Formen und Kompetenzen entwickelt werden, um das Zersprengende zu puffern, in den Differenzen das Gemeinsame herzustellen. Lernen kann man dabei manches aus den Prozessen der Kooperationsinitiativen, die an anderen Stellen und zu anderen Zwecken verstärkt installiert werden – denken wir z. B. an die Kooperationen zwischen Polizei und Jugendhilfe, zwischen Arbeitsamt und Jugendberufshilfe, zwischen Schule und Jugendarbeit. Immer gilt es auch hier tiefgehende Differenzen zu bewältigen – Differenzen, die aus wechselseitigen Ängsten voreinander, aus unterschiedlichen professionellen Aufträgen, Berufskulturen, Selbstverständnissen, gesellschaftlichen Deutungen, institutionellen Rahmenbedingungen, unterschiedlicher Bezahlung und unterschiedlichem gesellschaftlichen Status resultieren. Dies macht solche Bündnisse nicht einfach. Es sind hier Hürden zu bearbeiten, die sicherlich ebenso bei den anzustrebenden sozialräumlichen Gender-Vernetzungen auftreten können. Von daher ließe sich möglicherweise einiges aus diesen anderen Vernetzungen dafür lernen, wie sich über Einrichtungsgrenzen und geschlechterpädagogische Profilierungen hinweg ein tragfähiges und arbeitsfähiges sozialräumliches Bündnis zum Gender Mainstreaming herstellen lässt.

Solange es nicht gelingt, das Gender Mainstreaming von normativen Vorgaben zu befreien, solange es nicht zu einer *sachlichen* Arbeit wird, sondern moralisch-ideologisch aufgeladen ist, solange werden solche Vernetzungsorte wenig effektiv arbeiten. Es muss eine Atmosphäre geben, in der die Daten zur eigenen Arbeit tatsächlich offen auf den Tisch gelegt werden können, in der es keine guten und schlechten Angebote für Mädchen und Jungen gibt, sondern alle Freizeiträume, die Mädchen und Jungen geboten werden, ihren Wert haben. Es ist ein diskursives Klima herzustellen, in dem das Gender Mainstreaming eine gemeinsame Aufgabe ist, und nicht etwas, bei dem sich wechselseitig kritisch beäugt wird und einzelne an den Pranger gestellt werden.

Hier haben sicherlich in der Vergangenheit Entwicklungen stattgefunden, die eine solche Offenheit nicht gefördert haben. Die Monopolisierungsansprüche der Mädchenarbeit und Jungenarbeit auf eine gute Arbeit mit Mädchen und Jungen hatten zur Folge, viele Freizeitangebote für Heranwachsende zu entwerten und scharfe Trennlinien zwischen geschlechtsspezifischen und geschlechtsunspezifischen Einrichtungen zu errichten. Geschlechtsspezifische Quotierungsauflagen haben ungewollt dazu geführt, möglichst hohe Zahlen für Mädchen- und Jungenangebote nach außen auszuweisen. Die Gleichsetzung von weiblicher Fachlichkeit mit mädchenparteilicher Fachlichkeit deckelte das Engagement von männlichen Kollegen für das Geschlechterthema.

Szenario »Männer mit geschlechtsspezifischem Blick«:
Skeptisch kontrolliert

Ein männlicher Jugendhilfeplaner, der sich durch Untersuchungen ausgewiesen hatte, in denen Geschlechterdifferenzen thematisiert waren, bereitete eine Stadtteilstudie vor, in der Studierende Ortsbegehungen machen sollten, um zu klären, wo sich wann welche Kinder aufhalten und was sie dort tun. Von der Mädchenbeauftragten wurde ihm vorgeworfen, dass männliche Studenten im Stadtteil Mädchen beobachten würden. Dies zeigt, wohin Alleinvertretungsansprüche und Normierungen führen können. Sie konterkarieren nicht nur ein Gender Mainstreaming, sie verprellen auch wohlgesonnene Bündnispartner.

Es wird also eine wichtige Aufgabe für das zukünftige Gender Mainstreaming bleiben, eine produktive interprofessionelle und intergeschlechtliche Dialogfähigkeit und Kooperationsfähigkeit zu entwickeln. Sie stellt sich nicht einfach ein, weil man sich zusammen an einen Tisch setzt, sondern sie braucht besondere Qualifikationen – Qualifikationen, die die Beteiligten in die Lage versetzen, vorhandene Differenzen zu überbrücken, nicht unbedingt: sie zu tilgen.

Es gibt einen großen Hang, Diskurse in bekannten und gewohnten Gruppen zu führen und neue Konstellationen lieber zu meiden. Und vielleicht sind diese Abschottungstendenzen gerade bei geschlechterpädagogischen Fragen besonders ausgeprägt, weil hier schon vom Thema her – geschlechtsspezifische – Polarisierungen angelegt sind. Und wenn man dazu dann noch in gemischten Gruppen eher erlebt, dass das Gespräch schwierig ist, zieht man sich um so mehr wieder auf die geschlechtshomogenen Gruppensettings zurück. So werden Exklusionen und Kommunikationslosigkeit immer wieder neu produziert.

Interprofessionelle und intergeschlechtliche Dialogfähigkeit ist nicht nur angesichts der interaktiven Herstellung von Geschlecht und der oben propagierten Sozialraumorientierung angezeigt, sondern umso dringlicher, wenn man sich noch einmal vergegenwärtigt, dass Gender Mainstreaming schließlich alle Akteure einer Organisation in den zu leistenden Entwicklungsprozess einbeziehen will. D. h.: es stellt sich auch hier die Anforderung, Kooperation zwischen Fachkräften in verschiedenen Statuspositionen, mit verschiedenen Qualifikationen, Aufgaben, Ambitionen und Geschlechtszugehörigkeiten möglich zu machen.

Szenario »Miteinander reden«: Nicht so leicht

Dass es mit der intergeschlechtlichen Dialogfähigkeit in Sachen »Gender« derzeit noch nicht weit her ist, offenbarte eine Befragung im Rahmen des IRIS-Modellprojektes »Jungenpädagogik«. Nur sehr wenige Fachkräfte der Jugendhilfe gaben an, dass der Austausch zu Geschlechterfragen in gemischtgeschlechtlichen Fachkontexten für sie »unproblematisch« wäre. »Hier bildet sich ab, wie hoch aufgeladen und belastet ein geschlechterinteraktiver Diskurs sein kann – und wie wenig fruchtbar und ergiebig er trotz einer hohen ihm zugemessenen Bedeutung sein muss. In Zeiten des Gender-Mainstreaming liegt hier offensichtlich ein gehöriges Potenzial und ein Nachholbedarf« (Neubauer/Winter 2002, 25).

Dass dieser Nachholbedarf tatsächlich noch sehr groß ist, zeigen auch Erfahrungen aus Kinderbetreuungseinrichtungen sehr deutlich – Erfahrungen, die sicherlich auch für andere Jugendhilfefelder wie die Kinder- und Jugendarbeit übertragbar sind. So berichtet Tim Rohrmann von seinen Fortbildungen für Fachkräfte in den Kindertagesstätten, wie erfolglos hier oftmals die Versuche verlaufen, Auseinandersetzungen über die Möglichkeiten der Einbeziehung von Männern in die Kindertagesstätte zu initiieren, und dies obwohl die Wichtigkeit diese Themas verbal anerkannt wird: »Auf Fortbildungen zu Geschlechterthemen habe ich mehrfach erlebt, dass eine Arbeitsgruppe zum Thema nicht zustande kam und sich Kolleginnen lieber damit beschäftigten, was sie ohne männliche Unterstützung verbessern und ausprobieren könnten.« (Rohrmann 2001, 37)

Empirische Vermessungen des Arbeitsfeldes

Wenn ein effektives Gender Mainstreaming voraussetzt, dass Daten zur Situation der Geschlechter in den Institutionen vorliegen, konfrontiert uns dies in der Kinder- und Jugendarbeit mit einer besonderen Schwachstelle. Es mangelt in eklatanter Weise an soliden, nicht »geschönten« empirischen Befunden zu diesem Arbeitsfeld. Günstig sieht die Situation noch aus, wenn es um die Ebene der Fachkräfte geht. Hier stehen amtliche Statistiken zur Verfügung, die ein relativ differenziertes quantitatives Bild zur Verteilung von Männern und Frauen, ihren Abschlüssen und Anstellungsformen zulassen (Pothmann/Thole 2001). Sehr viel dürftiger wird es jedoch im Hinblick auf die Zielgruppen und praktischen institutionellen Ausgestaltungen in der Kinder- und Jugendarbeit.

Albert Scherr und Werner Thole kritisieren, dass »entsprechende empirische Aufarbeitungen, die quantitativ und qualitativ das Gesamttableau oder auch nur Segmente der außerschulischen Kinder- und Jugendarbeit umfassend rekonstruieren, also Informationen zu den AdressatInnen und BesucherInnen, zu den Angeboten, Projekten und Maßnahmen, zu den institutionellen und strukturellen Eckpfeilern, den Methoden und Interaktionsnetzwerken sowie den kooperativen, angebots- und feldübergreifenden Querverbindungen innerhalb der außerschulischen Kinder- und Jugendarbeit mitteilen, (...) nur in einem sehr bescheidenen Umfang« vorliegen (Scherr/Thole 1998, 24f).

Kinder- und Jugendarbeit stellt sich somit als ein nur unzureichend vermessenes Jugendhilfefeld dar. Eine Rolle spielt hier möglicherweise die relativ ausgeprägte Empirieabstinenz derjenigen, »die sich in den letzten zwanzig Jahren mit diesem sozialpädagogischen Feld auseinandersetzten« (ebd. 26). Es hat aber sicherlich auch damit zu tun, dass es ein so hochdynamisches, wenig bürokratisch reguliertes Feld ist. Es hat vermutlich auch damit zu tun, dass es im Fall der *offenen* Jugendarbeit ein so wenig geschlossenes Feld ist – und schließlich auch sein will. Eine gewisse Unbestimmtheit gehört in der Kinder- und Jugendarbeit bekanntlich gerade zum Konzept. Angebote und Räume unterliegen permanenten Veränderungen, weil sie elementar »KundInnen«-abhängig sind. Kinder und Jugendliche, Mädchen und Jungen, Cliquen kommen und gehen, nutzen die Einrichtungen mal intensiv, mal spärlich, schauen »nur mal rein« oder nutzen sie als »zweites Zuhause«, bleiben phasenweise weg – denken wir an die Klagen der Jugendhäuser über die Sommerflaute – und kommen dann wieder oder bleiben auch ganz weg. Jugendliche gestalten sich Räume, die dann wieder verfallen.

Problem: Wie lässt sich Bewegliches messen?

Es gibt Angebote sowohl in der offenen Kinder- und Jugendarbeit wie auch in der Jugendverbandsarbeit, die mal Konjunktur haben, dann wieder nicht. Während die Discogruppe eine Zeitlang gut läuft, zerfällt sie dann wieder. Während an einem Termin das Musikangebot im Kinderhaus großen Zulauf hat, steht die Mitarbeiterin nächste Woche nur mit wenigen Kindern da. Während kürzlich noch die Volleyballangebote in den Vereinen boomten, kommt es jetzt zu heftigen Einbrüchen, die schon das Turniersystem gefährden, weil es nicht mehr ausreichend Spieler gibt. Es gibt dazu permanente Neuentwicklungen, weil sich Nutzergruppen und ihre Lebensverhältnisse verändern – denken wir an die Einrichtung von Mittagstischen in großstädtischen Jugendhäusern in der jüngeren Zeit.

Die spezifische Dynamik und Flüchtigkeit machen es objektiv schwer, dieses Arbeitsfeld empirisch zu »fassen«. Schon die Angabe zu BesucherInnenzahlen bringt Einrichtungen der Kinder- und Jugendarbeit regelmäßig in die Bredouille. Sie ist kaum leistbar in einer Institution ohne »Türsteher«, Mitgliederverzeichnisse, Anmeldungen oder durchgängige Einzelkontakte. Man mag sich auch davor scheuen, weil an der Höhe der BesucherInnenzahlen auch immer die Legitimation der eigenen Existenz hängt. Die diagnostizierte Empirieabstinenz in der Kinder- und Jugendarbeit kann von daher auch mit dem Vermeidungsverhalten zu tun haben, institutionelle Realitäten selbst nicht sehen zu wollen und schon gar nicht der Öffentlichkeit preisgeben zu wollen.

Dieses Dilemma hat zur Folge, dass die Fachdebatten zur Jugendarbeit »als normative Auseinandersetzungen und auf Grundlage eines unausgewiesenen Alltags- und Erfahrungswissens geführt werden« (Scherr/Thole 1998, 27). Die Bezugspunkte sind oftmals Schätzwerte, Erfahrungswerte, persönliche oder fachlich unterfütterte Einschätzungen und programmatische Entwürfe, selten solide Daten. Auf diesem Hintergrund lässt sich Beliebiges behaupten und vertreten.

Dies alles wirft auch für ein Gender Mainstreaming erhebliche Probleme auf. Wenn Kinder- und Jugendarbeit sich als wenig empirisch erfasste Institution erweist, ist es in der Folge auch schwer, über Datengrundlagen zur Bestimmung der dortigen Geschlechtersituation zu verfügen. Diese sind aber eine der Voraussetzungen einer sachdienlichen Maßnahmenplanung. Ob diese Datengrundlagen durch amtliche Statistiken zu verschaffen sind, mag dahin gestellt sein. Zumindest gibt es eine Reihe von institutionellen Schwierigkeiten in diesem Jugendhilfefeld, valide amtliche Daten zu gewinnen, wie auch ihr Aussagewert aufgrund der Großflächigkeit begrenzt bleibt. Um so dringlicher sind von daher lokale Ansätze interner Erhebungen und Reflektionen zu den BesucherInnengruppen und Nutzungspraxen in der Kinder- und Jugendarbeit. Wie soll ein Jugendhaus seine Praxis genderbezogen professionalisieren, wenn es nur einen ungefähren Eindruck dazu hat, dass »weniger Mädchen kommen«, wenn es nicht benennen kann, welche es sind, die kommen, welches Alter sie haben, welcher Sozialkultur und welchen Cliquen sie angehören, wann und wie lange sie kommen, an welchen Tagen und an welchen nicht, welche Angebote sie nutzen und welche nicht.

Auch für die ausgewiesene Mädchenarbeit und Jungenarbeit sieht die Situation nicht besser aus. »Es gibt (...) keinen quantitativen Überblick darüber, wie viel Mädchen in welchem Alter von »der« Mädchenarbeit erreicht werden, erst recht nicht über einen längeren Zeitraum hinweg«, stellen Maria Bitzan und Claudia Daigler fest (2001, 86). Dasselbe lässt sich auch für die Jungenarbeit behaupten.

Am einfachsten stellen sich empirische Vermessungen noch für die Jugendbildung aufgrund der dort vorhandenen Übersichten zu SeminarteilnehmerInnen und für die Jugendverbandsarbeit dar. Für diese stehen zumindest Mitgliederangaben zur Verfügung, die nach Geschlecht ausgezählt werden können und damit einen ersten, wenn auch noch groben Bezugspunkt für Ungleichheitsanalysen liefern. Aber auch diese sind in ihrer empirischen Aussagekraft zu relativieren. Die alleinige Betrachtung von Mitgliedszahlen ist für eine »Bewertung der Jugendverbandsarbeit nicht hinreichend«, stellt schon der 11. Kinder- und Jugendbericht allgemein einschränkend fest (2002, 200). Es ist bekannt, dass eingetragene Mitgliedschaften nicht sofort gekündigt werden, wenn das Interesse an der Verbandszugehörigkeit erlischt. Sie können »auf dem Papier« weiter bestehen, auch wenn der Verband längst kein Freizeit- und Gesellungsraum mehr für die Betreffenden ist. Dazu kommt, dass viele Jugendverbände »längst ein offenes Mitgliedsverständnis entwickelt« haben und auch Nicht-Mitgliedern eine Teilnahme ermöglichen (ebd.). Von daher können die Mitgliederstatistiken auch nur unvollständig die Realitäten von Mädchen und Jungen in der Verbandsarbeit wiederspiegeln. Wer wie intensiv und mit welcher Qualität am Vereinsleben teilhat, das kann auf diesem Weg nicht beantwortet werden.

Dieser Problemaufriss verweist auf erhebliche empirische Tücken eines Gender Mainstreamings in der Kinder- und Jugendarbeit. Es fehlen zahlreiche »harte« und »weiche« Rahmendaten zur fundierten geschlechterkritischen Prüfung des Feldes. Hier müssen Formen entwickelt werden, sie zu erschließen – vor allem auch *effektiv* zu erschließen. In diesem Dilemma befindet sich Kinder- und Jugendarbeit schließlich auch, dass sie immer ausbalancieren muss zwischen dieser Aufgabe und den vorhandenen Ressourcen. Was schon im Kontext der geschlechterdifferenzierenden Jugendhilfeplanung festgestellt wurde, dass nämlich die Bereitschaft dazu bei den Planungsakteuren davon abhängt, inwieweit diese Aufgabe nicht »erhebliche Zusatzarbeiten« verursacht (ISS 2001, 43), gilt ebenso für die Bestandsaufnahmen im Zuge des Gender Mainstreamings. Sie müssen trotz des Anspruchs der Präzision gleichzeitig leicht praktikabel sein. Es muss eine unkomplizierte, wenig aufwendige »empirische Kultur« entfaltet werden, die es zur selbstverständlichen und alltäglichen Berufsroutine macht, relevante Informationen zum Praxisfeld zu dokumentieren. Hierzu müssen noch originelle Lösungen gefunden werden.

Szenario »Jugendhaus«: BesucherInnenzählung

In dem Jugend- und Kulturzentrum einer großstädtischen Region gibt es seit kurzem die Praxis, für die regelmäßigen BesucherInnen Ausweise auszustellen. Diese müssen z. B. bei der Ausleihe von Materialien als Pfand hinterlegt werden. Ganz nebenbei bietet dies auch eine wenig aufwendige Möglichkeit, quantitative Anhaltspunkte zur Nutzung der Einrichtung zu erhalten, die sich relativ mühelos nach Geschlecht differenzieren lassen.

In einem anderen Jugendhaus ist es zum feststehenden Ritual geworden, dass die Fachkraft, die den Offenen Bereich betreut, zu festgesetzten Zeiten schnelle BesucherInnenzählungen vornimmt und protokolliert. Auch hiermit werden Grundlagen geschaffen, die Nutzungsintensität durch Mädchen und Jungen präziser zu bestimmen als durch die oftmals üblichen Schätzungen.

Zielgruppenkenntnisse

Gender Mainstreaming in der Kinder- und Jugendarbeit benötigt über die Rahmendaten hinaus auch qualitative lebensweltliche Informationen zu Mädchen und Jungen. Nur hiermit werden Gender-Analysen vollständig, lassen sich Befunde sinnvoll interpretieren, und nur hiermit lassen sich passende Lösungskonzepte entwickeln. Was eigentlich eine pädagogische Selbstverständlichkeit sein muss und was von daher auch schon immer für Kinder- und Jugendarbeit galt, dass sie nämlich »nah dran« sein musste an den Heranwachsenden, dass sie wissen musste, was Thema ist, was »in« ist, was gelebt wird, das gilt genauso, wenn es um eine geschlechtergerechte Gestaltung dieses Arbeitsfeldes geht. Wenn die Professionellen nicht recht erfassen und begreifen, was bei Mädchen und Jungen »los ist«, wie sie ihre Geschlechtszugehörigkeit leben, dann können sie kaum passende Konzepte entwickeln.

Auf den ersten Blick mag es scheinen, als wäre hier die Datenlage sehr viel besser. Schließlich sind die Studien zur Geschlechtersozialisation zahlreich. Viele Befunde sind zum selbstverständlichen Wissensrepertoire geworden, werden in den Ausbildungsstätten weitervermittelt, in Hausarbeiten und Diplomarbeiten zitiert und populärwissenschaftlich verbreitet. Hier ist jedoch kritische Vorsicht angesagt. Die »großen« repräsentativen Lebensweltstudien mit ihrem verallgemeinerten sozialwissenschaftliche Empiriewissen sind zwar zweifellos ein wichtiger Bezugspunkt, doch der Makroblick produziert zwangsläufig seine eigenen Schwächen: die fehlende Präzision im Mikrosystem. Diese Präzision ist aber notwendig, wenn es um die Gestaltung einer lebensweltadäquaten geschlechtsbezogenen Kinder- und Jugendarbeit geht. »Die Lebenswirklichkeit Jugendlicher vollzieht sich (...) als eine lokal situierte Praxis. Deshalb kann aus den Ergebnissen quantitativer und qualitativer Jugendforschung (...) nicht gradlinig abgeleitet werden, was die relevanten Erfahrungen, Bedürfnisse, Interessen, Deutungs- und Handlungsmuster usw. der konkreten Jugendlichen vor Ort sind.« (Scherr 2000, 244) Biografieverläufe, Belastungen und Bewältigungsstrategien sind somit nur begrenzt auf dem Hintergrund des repräsentativen Empiriewissens prognostizierbar. Sie sind Ergebnis der infrastrukturellen und kulturellen Vorgaben eines spezifischen Raums und ihrer subjektiven Verarbeitung, die durchaus variantenreich sein kann.

Diese Varianten müssen jedoch in den großen Studien verloren gehen. Geschlecht kann hier in der Regel nur noch als dichotome Kategorie auftauchen, die bestenfalls durch weitere Variablen wie Bildungsgrad, Ethnie oder Alter noch weiter differenziert wird. Mädchen und Jungen werden zu homogenisierten Gruppen, die die sozialen Realitäten nur unvollständig wiederspiegeln können. All das, was aktuell unter dem Stichwort der Verflüssigung von Geschlechteridentitäten stattfindet und diskutiert wird, kann auf diese Weise nur schwer erfasst werden. Statistische Verfahren sind immer gezwungen zu reduzieren und reproduzieren damit die schlichte und aus vielen Gründen kritikwürdige dichotome Geschlechterkategorie – eine Schwäche, die genauso für den rechnerischen Umgang mit anderen sozialen Differenzvariablen zutrifft.

Szenario »Gender-Training«

Diese Vorläufigkeit und Relativität empirischer Genderbefunde verbietet es im übrigen auch, sie unbedarft in Gender-Trainings zu benutzen. Angesichts der nicht leichten Aufgabe, wie Fachkräfte und Leitungskräfte einer Organisation für Geschlechterfragen zu sensibilisieren sind, liegt der Verdacht nahe, dass hier – auch aus einer möglichen methodischen Hilflosigkeit heraus – nur zu oft nach vorhandenen einfachen Befunden zur Geschlechterdifferenz gegriffen wird. Sie suggerieren Verlässliches, reduzieren komplexe soziale Sachverhalte. Ob damit viel gewonnen ist, ist zu bezweifeln.

Lebensweltliche Präzision im Hinblick auf die Zielgruppen der Kinder- und Jugendarbeit ist eine eigene Kunstfertigkeit. Sie meint mehr als den Besitz von vielfältigen Informationen zu Lebensgeschichten, materieller und sozialer Infrastruktur in einem Lebensraum, auch wenn dies eine unerlässliche und wertvolle Basis darstellt. Noch unzureichend sind diese Informationen aufgrund ihrer relativen Zufälligkeit, Ungeordnetheit und Unreflektiertheit. Entscheidend ist von daher die Systematisierung dieses sozialräumlichen Wissens: »Gefordert ist eine Form der Beobachtung, Erkundung und Analyse des Sozialraums, welche über die Ebene des bloßen Alltagswissens hinausgeht, welche aber (...) die Fehlerquellen einer wissenschaftlichen Analyse vermeidet, welche nur aus größerer Distanz heraus die Strukturen eines Sozialraums beschreiben kann« (Schumann 1995, 212).

So fällt auf, dass überall dort, wo lokale Lebenswelterkundungen, z. B. auch im Rahmen kommunaler Jugendhilfeplanung, unternommen werden, in der Regel so manche vermeintlichen empirischen Gewissheiten widerlegt werden oder soziale Besonderheiten sichtbar werden, die man nicht vermutet hätte. Die regionale Studie von Stegbauer u. a. (1998) zur jugendlichen Freizeitsituation in einer Stadt widerlegte manche Bilder zum Freizeitverhalten von Mädchen und zur Nutzung der Jugendarbeit von Mädchen. Ebenso relativierten die Jugendbefragungen im Rahmen verschiedener kommunaler Jugendhilfeplanungsprozesse einige vielzitierte Befunde zu Mädchenwelten, z. B. die, dass Mädchen häufig Geschwister zu versorgen haben (ISS 2001). Die Ergebnisse der wissenschaftlichen Begleitforschung des Mitternachtssports in Jena förderten zutage, dass es entgegen den Erwartungen die *Jungen* gewesen waren, die vor Existenz dieses abendlichen Freizeitangebots sich zu Hause vor dem Fernseher aufgehalten hatten, während die Mädchen auf Partys waren oder Freunde getroffen hatten (Hoppe 2001, 245).

Szenario »Mädchen in der Stadt«: Alles ganz anders

In ihrer regionalen Lebensraumstudie kann Elke Schön (2002) exemplarisch deutlich machen, wie viele »Fakten« zum angeblich defizitären räumlichen Aneignungsverhalten von Mädchen in ihrer dichotomisierenden Pauschalität und Zuschreibungswirkung fragwürdig sind und wie viel anderes und Differenzierteres sichtbar wird, wenn man einen begrenzten lokalen Raum untersucht und subjektbezogene Erhebungsverfahren einsetzt. Entgegen der gängigen Geschlechterbilder findet Schön bei ihrer Erhebung Mädchen, die sich durchaus nicht geschlechtsrollenkonform verhalten, die in scheinbar paradoxer Weise »gefährliche Orte« aufsuchen, die die scheinbar so typischen Mädchenbewegungsspiele mit immer neuen Inhalten füllen, die sich auch weiter weg von zu Hause entfernen und in Gruppen und nicht nur in Paarkonstellationen durch die Stadt ziehen. Und es zeigt sich auch, dass sich Mädchen je nach Alter und soziokultureller Herkunft unterschiedlich in den städtischen Räumen bewegen.

Die tieferliegende Problematik ist: Immer wieder verewigen sich Befunde zu Mädchenwelten – das gleiche gilt auch für die Befunde zu Jungenwelten – unter der Hand zu immergültigen empirischen Fakten, die nun unentwegt weitertransportiert werden und zu »Wahrnehmungsröhren« werden, bei denen schon »alles klar ist«. Wie schnell Befunde zu Zielgruppen zu klischeehaften »Wahrheiten« erstarren, problematisieren Neubauer/Winter (2001) exemplarisch am Beispiel des Diskurses zur Jungensexualität, der immer wieder Jungen beziehungsmäßige und kommunikative Inkompetenz und fehlenden körperlichen Selbstbezug bescheinigt – Bilder, die die Autoren mit Hilfe der Ergebnisse einer eigenen Studie infrage stellen konnten.

Für die Aussagen zu Mädchenwelten sieht es nicht anders aus. »Wahrnehmungsröhren« sorgen dafür, dass »klar« ist, wie Mädchen leben, und dass es nicht gut ist, wie sie leben. Dabei fußen viele Bilder letztlich auf überalterten Daten. Viel zu oft wird völlig unterschlagen, wann die Daten, auf die man sich bezieht, erhoben wurden. Viel zu oft wird nicht einbezogen, dass manches Mal schon eine ganze Mädchengeneration dazwischen liegen kann, wenn nicht noch mehr. Viel zu oft wird immer noch der 6. Jugendbericht (1984) bemüht, wenn es um Aussagen zu Mädchenwelten geht. Viel zu oft wird auch übergangen, was allgemeine Kinder- und Jugendstudien zu den modernen Mädchenwelten diagnostizieren – bestenfalls werden die Ergebnisse der Shell-Jugendstudien als den unter den Jugendstudien derzeit prominentesten rezipiert. Aber auch hier wird sich oft auf die allgemeinen Zusammenfassungen beschränkt. Viele Detailinformationen werden nicht weiter wahrgenommen.

Interessanterweise wird in vielen Beiträgen zu Mädchenwelten gegenwärtig der Expertisen-Band von Mechtild Oechsle (2000) zitiert, in dem die Autorin zahlreiche Ergebnisse aus aktuellen Kinder- und Jugendstudien zu Geschlechterdifferenzen zusammenträgt. Dass diese Sekundärquelle so gerne benutzt wird, ist einerseits verständlich, andererseits offenbart es aber auch eine symptomatische Schwäche – die fehlende Bereitschaft, sich mit den Primärquellen zu beschäftigen, die noch sehr viel mehr Aufschlussreiches zu Mädchen- und Jungenwelten bieten als das, was von Mechtild Oechsle aufbereitet wurde.

Dazu kommt, dass immer wieder aus dem Blick gerät, dass man es oftmals bei den Befunden mit Tendenz- und Mittelwertaussagen zu tun hat. Sie werden schleichend verabsolutiert, ohne noch die Streubreiten vor Augen zu haben. So kann dann z. B. aus der Formulierung »Mädchen haben im Durchschnitt einen kleineren Bewegungsraum als Jungen« (Flade/Kustor 1996, 19) im Laufe unzähliger »gebetsmühlenartiger« Zitierungen die vermeintliche Erkenntnis entstehen: *alle* Mädchen bewegen sich *immer* und *überall* kleinräumig. Differenzierungen, Abweichungen, Veränderungen sind damit verschwunden – ein Prozess, der weniger mit fehlender wissenschaftlicher Seriösität zu tun hat, sondern mit dem psychischen Entlastungsmechanismus, Realität zu reduzieren und zu vereinfachen. Selbst wenn die Kleinräumigkeit des Mädchenlebens als allgemeine Tendenz zutreffend sein mag, kann das Bild in einzelnen Regionen und bei einzelnen Mädchen ganz anders aussehen.

Und noch eines sei angemerkt: welche Folgen die möglicherweise registrierte Kleinräumigkeit für die Lebensperspektiven hat, dies kann nicht einfach linear aus dem empirischen Befund abgeleitet werden. Benachteiligungen lassen sich nicht unvermittelt gradlinig nach dem Muster »wenn-dann« ermitteln, sondern sind Ergebnisse sehr viel komplexerer Vorgänge. Der Befund, dass der Bewegungsradius der Mädchen kleiner ist als der der Jungen, sagt noch überhaupt nichts darüber aus, ob damit die Entwicklungschancen von Mädchen geringer sind. Man könnte es auch ketzerisch zuspitzen: Die größere Mobilität der Jungen ließe sich als Benachteiligung deuten, wenn man die erhöhten Unfallzahlen bei Jungen als Folge ihrer erhöhten Mobilität deuten würde oder als Ausdruck dessen, dass sie möglicherweise im Nahraum nicht finden, was sie suchen.

Viele Deutungen zur Geschlechtersituation haben einen Selbstverständlichkeitsanspruch entwickelt, der fragwürdig ist. Auch hier ist mehr Offenheit angesagt, mehr Bereitschaft, bestehenden Deutung wieder zur Disposition zu stellen, mehr Bereitschaft, sich mit schnellen Chancenungleichheitsdiagnosen zurückzuhalten. So plädiert auch Eckhard Giese für differenzierte Analysen: »nicht immer ist automatisch der Unterdrückungsverdacht weiterführend. (...) Es kann ja auch auf der Grundlage freiwilliger Präferenzen oder einvernehmlicher Geschlechterarrangements zu Ungleichverteilungen kommen.« (2001, 63). Solche Überlegungen zuzulassen, macht natürlich eine Gender-Analyse sehr viel komplizierter, doch mit großer Wahrscheinlichkeit auch realitätstüchtiger. In einer dynamischen, komplexen und widersprüchlichen Welt kann schließlich auch eine solche Analyse nicht einfach sein.

Was die Gender-Mainstreaming-Aufgabe betrifft, zeichnet sich damit eine besondere Herausforderung ab. Lebenswelten Heranwachsender sind als Mäd-

Szenario »Kinderstreitkultur«: Immer alles ein Problem?

»Dass nicht nur Jungen und Mädchen zu sehr unterschiedlichen Einschätzungen von Konfliktsituationen kommen können, erlebten wir im Projektteam. Dies wurde uns an Grenzgängen zwischen Erotik und Aggression deutlich. So beobachteten wir in einem Hort heftige Rangeleien zwischen einem zehnjährigen Jungen und einer Gruppe etwas jüngerer Mädchen. Diese beklagten sich in dem anschließenden Gespräch zunächst, dass der Junge ihnen weh getan habe, räumten allerdings im weiteren Verlauf ein, dass es ihnen auch Spaß mache, ihn zu ärgern. Der Junge wiederum formulierte im Einzelinterview: ›Ich bin gern ein Junge, weil die Mädchen wollen ja gern erobert werden, so hab ich das gehört, und ich versuch das auch hier, denn ich lieb eine.‹ Ist das Verhalten des Jungen als problematischer Übergriff zu bewerten, und müssen die Mädchen darin gestärkt werden, sich zu solidarisieren und gemeinsam zur Wehr zu setzen? Oder handelt es sich um ein Spiel an der Geschlechtergrenze, das auch von den Mädchen sehr bewusst aufrecht erhalten wird? (...) Im Hortalter sind die Übergänge zwischen Konflikt & Streit, Begegnungen an der Geschlechtergrenze und beginnendem erotischen Interesse fließend. So ist vielleicht auch die Aussage eines neunjährigen Mädchens zu verstehen: ›Ich wünsche mir, dass hier keine Jungs im Hort sind. ... Nein, doch nicht, dann hätten wir ja keine Feinde mehr!‹«

(Bildungswerkstatt Christel van Dieken o.J., 5)

chen- und Jungenwelten zu erkunden und zu begreifen, ohne den Blick von den bereits vorhandenen Wissensbeständen zu sehr leiten zu lassen. Die Gefahr zu letzterem ist groß, gerade weil der Fundus an empirischen Befunden und theoretischen Analysen zu den weiblichen und männlichen Lebenswelten dank einer intensiven Geschlechterforschung inzwischen umfangreich ist und viele Erkenntnisse zum alltagstheoretischen Allgemeingut geworden sind. Doch gleichzeitig hat das Konzept des Gender Mainstreamings hier genau Wege angelegt, um der Gefahr zu entgehen. Die Aufforderung, gerade nicht von allgemeinen geschlechtsspezifischen Problemstellungen auszugehen, sondern von der konkreten Praxis einer Institution, lanciert zumindest einen relativ kleinräumigen Untersuchungsblick. Und es zwingt die Akteure, selbst »am eigenen Ort« zu untersuchen und zu prüfen. Dies erhöht zumindest die Chance, in relativer Distanz zu den übergreifenden, repräsentativen Studien und wohlbekannten Problemdiagnosen zu bleiben.

Kultiviert werden muss also der offene und ständig aktualisierende Blick im Kleinen – ganz im Sinne einer konsequenten Subjekt- und Lebensweltorientierung –, sollen die gleichstellungsfördernden Konzepte für die Zielgruppen passen. Die vereinfachenden Befunden aus den großen Studien können anregende Wegweiser sein, mehr nicht. Was der repräsentative Blick zutage gefördert hat, muss nicht im Lokalen zutreffen, weil hier aufgrund der spezifischen sozialräumlichen Rahmungen ganz spezifische individuelle und kollektive Phänomene entstehen können, die in den Mittelwertberechnungen und Verallgemeinerungen zwangsläufig untergehen – gerade auch in einer individualisierten Gesellschaft. Und was zu einer Zeit Realität war, kann kurz danach schon verschwunden sein – gerade auch in einer so schnelllebigen Gesellschaft.

Dazu kommt: Die Groß-Produktion empirischen Wissens von der Erhebung bis zur Veröffentlichung und Rezeption ist langsam – ein Manko, das in einer hochdynamischen Zeit dazu führt, dass das Wissen, wenn es bei den AbnehmerInnen angekommen ist, schon längst veraltet sein kann. Dies trifft wohl derzeit am deutlichsten auf Befunde zur Mediatisierung der Lebenswelten zu, die bei ihrer Veröffentlichung in der Regel schon längst durch die realen Entwicklungen überholt worden sind. Während wir noch darüber sinnieren, was uns die martialische Aggressivität und das Einzelkämpferinnentum der Computerspielfigur »Lara Croft« über die veränderten Geschlechterrollen sagt, wird in Computerzeitschriften angekündigt, dass ein Nachfolgespiel der Protagonistin nun neue, defensivere Kampfesqualitäten abverlangt und ihr einen männlichen Partner an die Seite stellt. Während noch über die Vereinzelung der Kids vor den Bildschirmen diskutiert wird, haben sich in kürzester Zeit mit Hilfe des Internets und der Handys ganz neue, lebendige Kommunikations- und Sozialkulturen gebildet.

Der suchend-offene Blick

Auf welche Art sind überhaupt angemessen Kenntnisse zu den Lebenswelten von Mädchen und Jungen zu erschließen? Solche Debatten sind in der Wissenschaftsgeschichte nicht neu. Eine besondere Kniffligkeit erhalten sie dort, wo es weniger um die Erfassung von materiellen Realitäten, sondern von subjektiven Realitäten geht. Gerade auch in der Frauen- und Geschlechterforschung spielten diese Überlegungen von Beginn an eine große Rolle, weil es hier immer darum ging, Realitäten sichtbar zu machen, die das dominante akademische Instrumentarium erfolgreich unsichtbar gehalten hatte. Die Propagierung qualitativer Verfahren, die Forderung der Verschränkung von wissenschaftlichem Subjekt und Objekt in der feministischen Methodologiedebatte waren und sind Versuche, dem Ausgegrenzten auf die Spur zu kommen und Gehör zu verschaffen.

Besonders hervorgetan hat sich hierzu die Forschungsgruppe um das Tübinger Institut für frauenpolitische Sozialforschung. Sie hat den Begriff der weiblichen Verdeckungszusammenhangs geprägt. Dieser meint: Das Muster männlicher Lebenswelt wird zum Normalen erhoben, angesichts dessen weibliche Lebensrealitäten immer das Besondere, das Abweichende, aber auch das gesellschaftlich Entwertete, Nicht-Bedeutungsvolle, das Privatisierte und Sprachlose darstellen (Funk u. a. 1993). Das methodische Handwerkszeug muss von daher in der Lage sein, Verdeckungszusammenhänge aufzudecken, und es wurden mittlerweile eine Reihe von Leitlinien entwickelt, die dieses sicherstellen sollen (Bitzan 2000, Tübinger Institut 1998). Zentral ist dabei das Bestreben, Formen zu entfalten, in denen die Betroffenen sich selbst »aufdeckend« artikulieren können, d. h. sie müssen die Möglichkeit haben, nicht nur Normalitätsbestätigendes von sich zu präsentieren, sondern auch die hinter diesen Vordergründigkeiten liegenden Konflikte und Ambivalenzen zur Sprache zu bringen. Förderlich ist hierzu ein Raum, in dem die Beteiligten von den Zwängen der Repräsentation des Geschlechts befreit sind und Wertschätzung erfahren, Methodenvielfalt – also nicht nur verbalisierende Verfahren – und ein intensiver Dialog zwischen Forscherin und den Befragten, um nicht vorschnellen Deutungen aufzusitzen, sondern den biografischen Sinnzusammenhängen möglichst nah zu kommen. In neueren Publikationen zeichnet sich mittlerweile ab, dass Verdeckungszusammenhänge nicht mehr unbedingt weiblichkeitsexklusiv sind, sondern sich ebenso in männliche Lebenswelten finden lassen (Böhnisch 2001), was in der Konsequenz bedeuten würde, die Leitlinien feministischer Sozialforschung ebenso auf die Untersuchung männlicher Lebenswelten anzuwenden.

Wie eine aufdeckende Lebenswelterkundung konkret aussehen kann, lässt sich beispielsweise in der Studie von Elke Schön (1999) nachvollziehen. Hier wurde über mehrere Jahre mit unterschiedlichen kreativen Ausdrucksmethoden ein offener dialogischer und diskursorientierter Prozess zwischen Forscherin und Mädchengruppen installiert, in dem die Mädchen aktiv an der Erkenntnisproduktion beteiligt waren. Schön schlussfolgert abschließend zu diesem Verfahren: »Erst die Art des Vorgehens und die Fragerichtungen ermöglichten einen Zugang zu aktiven Auseinandersetzungs- und Aneignungsprozessen dieser Mädchen. In Einzelinterviews wäre das Eigenleben und die Selbstorganisation der Mädchen ganz sicher nicht sichtbar geworden.« (2001, 126)

Die Frage ist hier, ob solche methodischen Verabsolutierungen notwendig sind. Zweifelsohne bietet das propagierte Verfahren besondere Qualitäten. Es führt in vorbildlicher Weise vor, wie von außen her Zugang zu kulturellen Innensichten und Selbstarrangements herzustellen ist, und es markiert damit in aller Deutlichkeit, was subjektbezogene, aufdeckende Methoden von quantitativ-standardisierten Verfahren unterscheidet. Der so intensiv bemühte Grundsatz des Aufdeckens unterstellt jedoch immanent, dass all das Vordergründige per se als lebensweltliche Informationsquelle unbrauchbar ist, weil es Konfliktverdeckungen transportiert und bestehende Verhältnisse absichert. Doch ist das Vordergründige nicht auch aufschlussreich? Können uns für eine sozialräumliche Jugendarbeit nicht auch Fragebogenerhebungen, institutionelle Nutzungsauszählungen, Auswertungen der Sozialdaten, der Blick auf Dokumente jugendlichen Selbstausdrucks und auf Konsumprodukte wichtige Informationen zu Lebenswelten und ihren Konfliktpotentialen liefern, ohne dass es zu intensiven dialogischen Prozessen kommt? Müssen es tatsächlich immer die aufwendigen aktivierenden Verfahren sein? Diese Frage ist angesichts der grundsätzlich immer begrenzten Ressourcen in der Jugendarbeit legitim und fordert dazu auf, die Entwicklung lebensweltlicher Kenntnisse immer auch unter der Perspektive der pragmatischen Machbarkeit zu betrachten. Die z.T. berechtigte Idealisierung aufwendiger qualitativer, partizipativer Verfahren ist also immer mit Vorsicht zu sehen. Es gilt wohl eher: Jede Informationsquelle hat ihren eigenen Wert. Der geschlechtsbezogene Blick ist letztlich auf alle angewiesen.

Und noch ein Einwand: Es wird der Eindruck erweckt, dass vor allem Mädchen keine Artikulations- und Repräsentationsmöglichkeiten haben und ihnen erst gezielt ein Setting – dies ist dann in der Regel ein geschlechtshomogenes – hierfür geschaffen werden muss. Aber ist der Alltag nicht voll von Artikulationen und symbolischen Repräsentationen von Mädchen? Wir müssen nur hinschauen, was sie machen, was sie nicht machen, womit sie sich vergnügen, welche Musik sie hören, welche Filme sie sehen, was sie lesen, in welchen virtuellen Welten sie sich bewegen, was sie kaufen, wie sie sich kleiden, herrichten und inszenieren. Sozialräumliche Kundigkeit heißt dann: dies alles neugierig zur Kenntnis nehmen, sich vorbehaltlos darauf einlassen, seine Sinnhaftigkeit verstehen wollen. Dies setzt jedoch voraus, sich von der eigenen Lebenswelt und ihren Werten distanzieren zu können, ohne in der eigenen Identität dadurch bedroht zu werden.

Übung »Sehen, was eigentlich los ist«

Es ist angebracht, Parallelen zwischen der medienpädagogischen und der geschlechterpädagogischen Debatte zu ziehen. So wie alle Welt sich anmaßt, sich über die gewaltgefährdenden Wirkungen eines Computerspiels wie Counter Strike auszulassen, ohne mit den Spielern gesprochen zu haben, geschweige denn das Spiel überhaupt einmal selbst gespielt zu haben, gibt es auch in der Geschlechterpädagogik stellenweise ähnlich ignorante Haltungen. Da wird über das Leben von Mädchen und Jungen geredet, ohne in naher Berührung mit ihnen und ihren kulturellen Welten zu sein. Wer der Mädchen- und JungenexpertInnen liest z.B. regelmäßig die Bravo, bewegt sich durch jugendliche Chatrooms, besucht ein Internetcafe, achtet auf die Texte der aktuellen Musikhits, sieht sich die bei Jugendlichen beliebten Soaps und Fernsehkanäle an oder lässt sich von Mädchen und Jungen selbst immer wieder berichten von dem, was »angesagt« ist?

Dies alles verweist auf die Notwendigkeit eines offenen, nicht-normativen, suchenden, interessierten Blickes, der noch nicht alles weiß und der vorbehaltlos genug ist, auch das aufzunehmen, was irritierend und überraschend ist. Was für Pädagogik insgesamt gilt, gilt ebenso für die Geschlechterpädagogik: Auch wenn sie dies nie gewollt hat und bemüht ist, sich den subjektiven Innenwelten von Mädchen und Jungen verstehend zu nähern, dominiert in der Geschlechterdebatte doch eine stark erwachsenenbezogene Perspektive. Wir haben im geschlechterbezogenen Fachdiskurs viele Wissensbestände zu Mädchenleben und Jungenleben verfügbar, und dennoch oder auch gerade deshalb ist unser Wissen zu Mädchen und Jungen gleichzeitig merkwürdig begrenzt und eng.

Wie Mädchen und Jungen die Welt erleben, wie sie sich einrichten – zu Hause und draußen, unter Ihresgleichen und mit Andersartigen, mit den Kommunikationsmedien und als Konsumenten, in den pädagogische Einrichtungen, den Familien und Nachbarschaften, dazu haben wir im Grunde immer noch sehr holzschnittartige Bilder. Die ethnografische »Schule des Sehens« (Zinnecker 1995, 34) wieder intensiver zu pflegen böte von daher die Chance, der Erwachsenen-Zentriertheit in einer geschlechtsbezogenen Kinder- und Jugendarbeit entgegenzuwirken und sie konsequenter von den Mädchen und Jungen aus zu denken und weniger von politischen Idealen, kursierenden verkürzenden Befunden, vorgefertigten Deutungen und Zielsetzungen.

Diese »normative Zurückhaltung«, wie es Mechtild Oechsle (2000, 52) nennt, ist um so dringlicher angesichts der Ausdifferenzierungen in den jugendlichen Lebensführungen. Wo es kaum mehr verbindliche und normative Lebenslaufmodelle gibt, muss jede pädagogische Arbeit »die Vielfalt der Lebensentwürfe und möglichen Lebensformen prinzipiell anerkennen« (53). Und wo die gesellschaftliche Zukunft so offen geworden ist, können normative Haltungen immer weniger überdauern. Denn wer weiß heute noch, welche Qualifikationen für morgen gebraucht werden. Vielleicht haben die Zielgruppen der Jugendarbeit für das, was sie brauchen, eine viel bessere Ahnung als Fachkräfte aufgrund ihrer generativen Entfernung, was um so deutlicher auf die Notwendigkeit des vorbehaltlosen Zuhörens und Sich-Einlassens auf die Zielgruppen verweist.

Diese anerkennende, offene Haltung bleibt jedoch eine Herausforderung mit Tücken. An einer Reihe von sozialpädagogischen Praxisbeispielen weist Karin Walser (2001) nach, wie Expertenwissen die Wahrnehmungen und Deutungen von Professionellen kanalisiert, wie es verhindert, dass in der erlebten Praxis Neues, Sperriges entdeckt und zur Weiterentwicklung genutzt wird. Dieses Expertenwissen umgibt uns überall. Es sagt uns, wie die Realität ist und wie sie zu verstehen ist. Es ist eine der Paradoxien wissenschaftlicher Produktion, dass ihre Ergebnisse oftmals zu kanonisierten Wissensbeständen werden, die sich über die Realität legen und damit die Wahrnehmung und das Denken vorstrukturieren und Weiterentwicklungen, Veränderungen, Verfeinerungen verhindern. Befunde und Erkenntnisse erstarren zu vermeintlichen Wahrheiten, die nur noch die Funktion haben, immer wieder – wie in einer self-fullfilling-prophecy – bestätigt zu werden. »Geschlossene Denksysteme tendieren zum Totalitären und zum Sektierertum. Die Problemdefinitionen entsprechen dann kaum mehr der Realität, sondern bloß noch den Bedürfnissen von Professionellen, die ihr Wissen als Experten verwerten wollen« (Walser 2000, S. 253).

Szenario »Praxisreflexion in der Kinder- und Jugendarbeit«

Eine Berufspraktikantin, tätig in einem Kinderhaus, erzählt, dass einige ältere Mädchen und Jungen sich regelmäßig im Toberaum zu sexuellen »Spielen« in der Gruppe zurückziehen. Sie fühlt sich unbehaglich dabei, ist irritiert, weil die Kinder doch noch so jung sind, »kräftiges« sexualisiertes Vokabular benutzt wird und die anderen Mitarbeiter das Ganze ignorieren. In der Seminargruppe dreht sich das Gespräch schnell darum, dass hier möglicherweise Übergriffe der Jungen stattfinden, gegen die sich die beteiligten Mädchen nicht wehren können. Man rät der Berufspraktikantin zu klären, wie die Mädchen das ganze erleben und den Mädchen auf jeden Fall zu helfen, Grenzen zu setzen. Dabei wird darauf verwiesen, dass ja bekannt wäre, wie schwer Mädchen dieses fällt. Hier wird deutlich, wie schnell - unbeabsichtigt und unbewusst - das Repertoire an Expertenwissen letztlich nur noch dazu dient, das Gesehene in die vorhandenen Deutungsmuster einzufügen und so Bekanntes zu bestätigen, nämlich die Übergriffigkeit der Jungen und die Ausgeliefertheit der Mädchen. Es wird nicht danach gefragt, ob diese Kinderpraxen nicht Ausdruck des Wunsches sein können, selbst auszuprobieren und zu erkunden, was sie als mediale - vielleicht auch direkte - Inszenierung aufregender Sexualität an vielen Orten sehen können, ob sich darin nicht auch das Bestreben zeigen könnte, auf diese Weise - indem man sich sexuell betätigt - dem Kinderstatus zu entrinnen. Es wird auch keine Parallele hergestellt zu den eigenen sexuellen Spielen, z.B. dem Flaschendrehen mit all seinen spannenden Varianten und dem eigenen Erleben dabei. Die Szene wird nicht dazu genutzt, die kindlichen Mädchen- und Jungenwelten von innen heraus zu verstehen, sondern sie wird reduziert auf die Funktion eines Beweismaterials für die problematische Sexualität zwischen den Geschlechtern. Das schnelle einigende Einverständnis, das sich unter Bezug auf das gemeinsame feministische Wissen herstellt, verhindert genau das, was Maria Bitzan gefordert hat: »Genauigkeit, Nachfragen, Entselbstverständlichung« (2000, 158).

Damit sind mehrere Chancen vertan: Kindliche Aneignungstätigkeiten und Selbsterkundungen werden nicht in ihrer subjektiven Sinnhaftigkeit für die AkteurInnen verstanden. Es wird von außen beurteilt, nicht von innen heraus verstanden, was dort passiert. Es gelingt nicht, den »natives point of view« einzunehmen, jene zentrale Forderung des ethnografischen Fremdverstehens. Es wird nicht die Perspektive der Betroffenen eingenommen und diese genutzt als verstehender Zugang zu den Zielgruppen. Dramatisierende Bilder zum Geschlechterverhältnis werden in der Folge weiter dramatisiert und zur Begründung eines spezifischen pädagogischen Bedarfs im Kinderhaus ausgebaut: nämlich der Notwendigkeit präventiver Sexualpädagogik mit Mädchen. Dabei könnte es in dieser Fallgeschichte durchaus sein, dass solche Maßnahmen gar nicht erforderlich sind, weil die Mädchen die Situation durchaus auf ihre Weise »im Griff« haben. Oder es könnte sein, dass sich die Jungen überrumpelt fühlen. Danach ist schließlich angesichts der Einigkeit zur Mädchenproblematik gar nicht geschaut worden.

Bezeichnenderweise mehren sich denn auch seit kurzem die Verweise auf die Ethnografie als gewinnbringende methodische Orientierung in der Jugendarbeit (Lindner 2000). So plädiert Michael Schumann für eine ethnografische Arbeitsweise, »da sie brauchbares Praxiswissen schafft, welches im Vergleich zu sozialwissenschaftlichen Analysen nah genug an Alltag und Lebenswelt ist und welches im Vergleich zum bloßen Alltagswissen genügend analytisch ist« (1995, S. 212). Dazu kommt für ihn als Gewinn die der Ethnografie immanente maximale Offenheitsforderung »nicht nur gegenüber dem Untersuchungsfeld, sondern erst recht auch gegenüber den eigenen Einstellungen und normativen Wertungen« (Schumann 1995, 212). Zum Einsatz kommt eine vielseitige Palette von Verfahren, die allesamt spezifisch eigenes leisten und sich wechselseitig ergänzen (Schumann 1994, 465). Typologisch lassen sich grob unterscheiden: Umfelderkundungen (Sozialstatistik, Archivstudium, Bildanalysen, Verbraucheranalysen, Experteninterviews, Inventarisierung und Lokalisierung der soziokulturellen Infrastruktur ...), subjektorientierte Lebensweltkundung (teilnehmende Beobachtungen, subjektive Landkarte, narrative Interviews und Gruppengespräche ...).

Es spricht einiges dafür, sich zur Erfassung geschlechtsspezifischer Lebenswelten ethnografischer Methoden zu bedienen. Denn bezeichnenderweise hat diese Fachdisziplin eindrucksvolle Porträts zu Geschlechterarrangements in fremden und vergangenen Kulturen hervorgebracht und dies ohne den angestrengten und ideologiebehafteten Duktus moderner Frauen-, Mädchen- und

Geschlechterforschung, sondern *nur*, indem sie mit dem Grundsatz des präzisen Hinschauens und sich-Hinein-begebens konsequent ernst gemacht hat. Während Geschlechterforschung Wissen zu den Geschlechterwelten zutage fördern will durch den gezielten, parteilichen, geschlechtsspezifischen Blick, verläuft der ethnografische Prozess zur Produktion geschlechtsspezifischen Wissens eher »andersherum«: Das Bestreben nach kultureller Nähe erzeugt es aus sich heraus zwangsläufig. Weil präzise hingeschaut wird, geraten in Geschlechterdifferenzen in den Fokus.

Diese spezifische Dynamik lässt die Ethnografie gerade dann zu einer passenden Orientierung werden, wenn der Genderblick in einer Institution konsensfähig gemacht werden soll wie dies im Gender Mainstreaming anvisiert ist. Ihre ideologische Unbelastetheit und Leidenschaftslosigkeit empfiehlt sie um so mehr als das Geschlechterthema durch langjährige politische Kämpfe emotional und konfrontativ aufgeladen ist – ein Umstand, der geschlechtsbezogene Qualifizierungen erheblich erschwert. Denn in dieser Stimmung bleibt es nicht aus, dass entsprechende Qualifizierungsaufforderungen als Zumutung erlebt werden, die dann »hintenherum« boykottiert werden. Ein ethnografisches professionelles Selbstverständnis kann hier möglicherweise eine gute Hilfe sein, weil dieser Fachdiskurs ein neutralisierter ist, was die Geschlechterfrage betrifft. Dies ist insofern bedeutungsvoll als Gender Mainstreaming auf eine tragfähige Kommunikations- und Kooperationskultur zwischen den verschiedenen Akteuren und Institutionen angewiesen ist. Das bisherige konfrontative Diskursmuster der Geschlechterdebatte ist hierzu sicherlich nicht angetan. Es trennt mehr als dass es die Herstellung von Geschlechtergerechtigkeit in der Jugendarbeit zu einer gemeinsamen und fachlich indizierten Aufgabe macht.

Im Grunde genommen liegen ethnografische und feministische Sozialforschungsmethoden nicht weit auseinander. Doch der entscheidende Unterschied liegt in ihrer verschiedenartigen diskursiven Einbettung. Vielleicht macht eine neutralisierte Ethnografie es den Jugendhilfefachkräften tatsächlich leichter, eine sozialräumliche Kundigkeit zu entwickeln, die dann quasi »automatisch« geschlechtsbewusst ist? Mit ihr wäre es keine Frage der Gesinnung mehr geschlechtsbewusst zu schauen, und es wäre auch nicht mehr unbedingt spezielle Aufgabe der geschlechtergleichen Fachkräfte, sich der Zielgruppen des gleichen Geschlechts parteilich anzunehmen – eine Forderung, die in der Mädchen- und Jungenarbeit immer wieder zu hören ist.

Erwachsenenperspektive versus Betroffenenperspektive

»Immer sind wir irgendwie Volksbeglücker, Vermessungsbeamte, Gesundheitsräte. Immer haben wir irgendwie das Fürsorgergesicht aufgesteckt. Machen uns immer irgendwie zum Vormund dieser Welt, ohne auf ihren Mund zu achten.«

(Carl Dantz: Peter Stoll. Ein Kinderleben. Von ihm selbst erzählt. Hrsg. von Johannes Merkel u.a. München 1978. Erstveröffentlichung 1925)

Konzepte auf die »Füße stellen«

Wenn es im Gender Mainstreaming der Kinder- und Jugendarbeit immer auch darum geht, passende Antworten für die, aufgrund der Analyse ermittelten Geschlechterungleichheiten zu kreieren, ist eine Anforderung elementar: Die Lösungen müssen konsequent von den Subjekten aus entwickelt sein. Konzepte dürfen nicht vom »Kopf« her entwickelt sein, sondern müssen auf die »Füße gestellt« sein. Damit soll nicht unterstellt werden, dass die bisherigen geschlechterspezifischen Qualifizierungsbemühungen dies nicht leisten. Aber es gibt Tendenzen, dass Konzeptentwicklungen genau andersherum laufen, auf »den Kopf« gestellt sind. Weil es bereits Vorstellungen dazu gibt, was Mädchen und Jungen brauchen und im Grunde genommen auch wollen, und dies ist Mädchen- und Jungenarbeit in den bekannten Formen, erschöpft sich dann das »Gender Mainstreaming« darin, in den Kinder- und Jugendeinrichtungen die Mädchen- und Jungengruppen, Mädchen- und Jungentage, Mädchen- und Jungenprojekte zum Standard zu machen und die weiblichen und männlichen Fachkräfte auf die parteiliche Arbeit mit den Zielgruppen gleichen Geschlechts zu verpflichten.

Das hat auch viel mit der bisherigen relativ starken Selbstbezogenheit der Mädchenarbeit – und dies gilt wohl prinzipiell in gleicher Weise für Jungenarbeit – zu tun. Mädchenarbeit bezieht sich vor allem auf jene Empirie, die ihr über ihre »gut laufenden« Einsatzfelder geliefert wird. Sie bezieht sich auf jene Informationen, die sie durch die Arbeit mit den Mädchen, die zu ihr kommen, erhält. Das ist zunächst einmal ein sinnvolles Vorgehen, die Erfahrungen aus der eigenen Arbeit mit Mädchen zum empirischen Bezugspunkt der Praxis zu machen. Die Gefahr liegt jedoch darin, dass dieses Wissen verallgemeinert wird, ohne zu bedenken, dass Mädchenarbeit es letztlich nur mit »Mädchenweltsegmenten« zu tun hat. Es ist zu realisieren, dass der größte Teil der Mädchen eben *nicht* Nutzerin von Mädchenarbeit ist und wir von daher letztlich nur über *ausgewählte* Mädchengruppen etwas wissen, für die die praktizierten Mädchenarbeitskonzepte passen. Wir wissen kaum etwas über die, für die – aus welchen Gründen auch immer – sie nicht passen: über die, die nicht kommen, die sich nicht angesprochen fühlen, auch nichts über die, die gekommen und dann wieder weg geblieben sind. Wir wissen viel über die, die Mädchenräume und ihre Freiheiten mögen, aber wenig über jene, die sie nicht mögen.

Dieses Dilemma benennen auch Maria Bitzan und Claudia Daigler (2001, 182). Gelöst wurde es bisher jedoch nicht. Dies wäre jedoch erforderlich, denn es birgt die Gefahr von Schieflagen und Fehleinschätzungen zu dem, was Mädchen und Jungen suchen und brauchen, und zu dem, wie Geschlechterungleichheiten in der Kinder- und Jugendarbeit zu begegnen ist. Denn wie in einem Zirkelschluss bestätigt sich auf diese Weise immer wieder neu die Richtigkeit des praktizierten Konzeptes. Weil die Evaluation sich nur an denen orientiert, mit denen man erfolgreich arbeitet, kann das Ergebnis kein anderes sein als das, dass es passend und gut ist.

Dieses Ergebnis hat seine Aussagekraft. Doch es beschränkt den Gender-Diskurs in der Kinder- und Jugendarbeit. Es verhindert, dass auch darüber nachgedacht wird, was denn eine geschlechtspezifisch qualifizierte Jugendarbeit für die heißen kann, die der Mädchenarbeit und Jungenarbeit fern bleiben. Es verbaut Imaginationsräume und Entwicklungsprozesse. Es begrenzt die Lösungspotentiale zur Bewältigung von Geschlechterungleichheiten. Kann denn Mädchenarbeit und Jungenarbeit alles sein? Werden hierbei nicht auch viele Kräfte für Unergiebiges gebunden, denken wir an die Streits und Entzweiungen in den Teams, weil die Männer wieder keine Jungenarbeit machen wollen, die Frauen wieder als Anklägerinnen auftreten, denken wir auch an den Frust und die vertane Energie, wenn wieder keine Mädchen oder keine Jungen zu den für sie gedachten Angeboten gekommen sind, an die Angst, wenn andere merken könnten, dass das Konzept »nicht läuft«.

»Auf die Füße stellen«

Geschlechtsbezogene Qualifizierungen »auf die Füße zu stellen« würde bedeuten, zuerst zu hören, zu sehen und zu verstehen, wie Mädchen und Jungen sich in ihren Lebenswelten arrangieren und dann danach praktische Schlussfolgerungen zu ziehen. Das Ergebnis der Lebensweltannäherung muss wieder offen sein. Ob dabei dann die herkömmlichen Mädchen- und Jungenarbeitsangebote die passende konzeptionelle Antwort sind, kann, muss aber nicht passieren. Das ist der entscheidende Punkt.

Gender Mainstreaming kann nicht ausschließlich darum kreisen, auf welche Weise die geschlechtshomogene Gruppenarbeit zu effektivieren und zu verbreitern ist, und sie darf nicht zum Synonym für eine spezialisierte Methode werden, wie zu beobachten. Vielmehr umfasst sie die Fähigkeit, Mädchen- und Jungenwelten zu verstehen und ihren Vielgestaltigkeiten und Widersprüchlichkeiten mit der erforderlichen Flexibilität zu begegnen.

Eine große Herausforderung besteht aktuell wohl gerade auch darin, eine geschlechtsbezogene Jugendarbeit zu gestalten, die dennoch nicht lauthals und demonstrativ die »Geschlechter-Fahne« vor sich her trägt – oder wie es Susanne Maurer ausdrückt, »dem *Sog der Identifizierung*« unterliegt (2002, 322). Neuere Lebensweltstudien (Oechsle 2000) weisen darauf hin, dass es heute in den Selbstentwürfen Jugendlicher, vor allem der Mädchen, ein Ungleichheitstabu gibt. Das bedeutet nicht, dass sie in einer Gesellschaft ohne Ungleichheit qua Geschlecht aufwachsen, sondern es besagt nur, dass es in den Selbstentwürfen Gleichheitsvorstellungen gibt, dass Mädchen sich selbst als Gleiche konstruieren, mit prinzipiell denselben Entfaltungsmöglichkeiten wie Jungen. Die schwierige Aufgabe besteht somit darin, Mädchen und auch Jungen etwas anzubieten, ohne das Ungleichheitstabu zu verletzen. Die Provokation ist, eine Differenz, die das Gender Mainstreaming so sehr ins Zentrum stellt, nicht zu dramatisieren, denn für die Betreffenden stellt es sich selbst auch nicht immer so dar.

Was Helga Kelle für die Deutung von spielerischen Neckereien zwischen Mädchen und Jungen herausarbeitet, muss auch für die Gender Qualifizierung in der Kinder- und Jugendarbeit leitend sein: »Eine Perspektive von außen, die für solche Szenen nach den Dominanzen eines Geschlechts fragt, muss (...) Ambivalenzen verfehlen. Und auch eine anwaltschaftliche Perspektive, die beansprucht, aus der Sicht von Jungen oder aus der Sicht von Mädchen zu blicken, nimmt die Aktivitäten »ernster« als es die Akteure selbst es tun.« (Kelle 1999, 44) So wie sich Mädchenarbeit und Jungenarbeit jedoch profiliert haben und profilieren, dramatisieren sie – ob sie wollen oder nicht – ständig, denn die Ungleichheitsbilder gehören zu ihrem konstitutiven Element. Die bestehenden Selbstideale und Ungleichheitstabus Jugendlicher nicht zu verletzen entpuppt sich also als schwieriges Unterfangen, für deren Lösung derzeit kaum Modelle vorliegen.

Geschlechtsspezifische Arbeitsansätze der Mädchen- und Jungenarbeit transportieren immer schon immanent die Botschaft der Geschlechterungerechtigkeit und geschlechtsspezifischen Benachteiligung mit. Auch die Kritik an der Defizitorientierung und die Vorsätze, stattdessen an den Stärken der Mädchen und Jungen anzusetzen, haben hieran letztlich nicht viel geändert. Allein die

Einrichtung des Mädchen- oder Jungenangebots reicht aus, um Mädchen und Jungen direkt oder indirekt zu vermitteln, dass sie als Mädchen und Jungen Probleme haben. Der diffizile konzeptionelle Balanceakt, den eine geschlechtsbewusste Kinder- und Jugendarbeit schaffen muss, besteht darin, zum einen die jugendlichen Souveränitätsideale ernst zu nehmen und – als Leistung und Kraftressource – wertzuschätzen und zum anderen nicht den Blick für darin eingelagerte Konfliktpotentiale zu verlieren.

Gerade weil Kinder- und Jugendarbeit eine Jugendhilfeleistung ist, für die das Prinzip der Freiwilligkeit gilt, ist sie besonders auf eine enorm hohe Passung zwischen den Selbstentwürfen der Mädchen und Jungen und den Praxiskonzepten angewiesen. Gender-Mainstreaming-Maßnahmen sind von daher nicht nur auf die Zustimmung der Professionellen, wie oben schon thematisiert, sondern auch der Zielgruppen angewiesen. Dies ist es, warum Martina Liebe auch der Wirksamkeit des Mainstreamings mit einer gewissen Skepsis begegnet. Angesicht dessen, dass es jugendliches Aufbegehren und die Suche nach »eigenen Räumen« jenseits der Erwachsenenwelt waren, die die Jugendarbeit historisch hervorgebracht haben, und angesichts dessen, dass die Aufgabe der Jugendarbeit darin liegt, »Lebensräume junger Menschen zu ermöglichen und zu unterstützen, zu deren Existenzvoraussetzung es gehört, sich sozialpolitischer Steuerung zu entziehen« (Liebe 2001, 104) erscheint es ihr fragwürdig, inwieweit Mainstreamingvorgaben hier überhaupt greifen können. »Alle selbstorganisierten Initiativen, Aktivitäten und Gesellungsformen, die die Praxis der Jugendarbeit weitgehend prägen, können von entsprechenden Verfahren der Jugendpolitik nicht erfaßt werden.« (104) Damit wird nicht abgestritten, dass Gleichstellung in der Jugendarbeit nicht machbar ist, aber sie kann zumindest nicht über den schnellen Weg bürokratischer Verfahrensorganisationen erfolgen.

Angesichts dieser institutionellen Rahmungen erhält der obige Hinweis auf die notwendige Passung zwischen Zielgruppen und Gender-Mainstreaming-Verfahren eine besondere Aktualität. Dies potenziert sich noch einmal in der Jugendverbandsarbeit, in der Selbstorganisation, Ehrenamtlichkeit und Interessengebundenheit eine zentrale Rolle spielen. »Eine allgemeine Verantwortung für die Zugänglichkeit und »Mädchengerechtigkeit« des Verbandes ist schwer einforderbar, da die Mitglieder freiwillig und ehrenamtlich ihre Interessen in dem entsprechenden Verband zu realisieren suchen«, stellen schon Maria Bitzan und Claudia Daigler fest (2001, 48) und benennen damit eine besondere Kniffligkeit hinsichtlich der Chancen von Gender Mainstreaming in der verbandsbezogenen Jugendarbeit.

Inwieweit die Passung gelingt, darüber wird von den NutzerInnen ganz direkt mit den Füßen abgestimmt. Was lebensweltlich nicht greift, was Interessen zuwider läuft, da bleiben Mädchen und Jungen einfach weg – ein Fakt, der der Jugendarbeit als solcher schon länger schmerzhafte Wunden beifügt. Doch das gleiche gilt für eine geschlechtsspezifisch qualifizierte Jugendarbeit. Auch sie steht und fällt mit der Fähigkeit, das – lebensweltadäquat, und eben nicht erzieherisch und normativ – aufzugreifen, was bei den Zielgruppen vorliegt. Hier kann Jugendarbeit sich einiges beim Konsummarkt abgucken, der in sehr viel direkterer, zügigerer und vorbehaltloserer Weise Lebensweltveränderungen mit neuen Produktangeboten beantwortet.

Eine geschlechtsbezogene Kinder- und Jugendarbeit tut sich hiermit noch sehr viel schwerer. Zwar proklamieren Mädchenarbeit und Jungenarbeit für sich, Mädchen und Jungen dort abzuholen, wo sie stehen, und das aufzugreifen, was sie mitbringen, und sicherlich gelingt Mädchenarbeit und Jungenarbeit dieses auch an vielen Stellen. Doch immer ist da auch etwas anderes, das diesen Anspruch durchkreuzt: das hochgehaltene Ziel, die Geschlechterverhältnisse zu verändern, weibliche und männliche Normalitätsentwürfe zu entgrenzen. Es ist dies – ob man will oder nicht – ein explizit normatives, ideologisch-politisches Selbstverständnis, das unterstellt, dass Mädchen- und Jungenleben, so wie sie sind, nicht gut sind für die Betreffenden – ein Bild, das es schwer macht, sich Mädchen und Jungen und ihren Lebensäußerungen offen und vorbehaltlos zu nähern.

Literatur

Abraham, Anke: »Geschlecht« als Strukturdimension sozialer Ungleichheit – auch im Sport. In: Klaus Cachay, Ilse Hartmann-Tews (Hg.): Sport und soziale Ungleichheit. Stuttgart 1998, 27–48

AGJ: Zur Umsetzung des Gender-Mainstreamings im Kinder- und Jugendplan des Bundes. In: Bundesarbeitsgemeinschaft Kinder- und Jugendschutz (Hg.): Mädchen hier... Jungen da ...!?. Berlin 2001, 56–59

Architektur und Mädchenarbeit. »Raum schaffen« für Mädchen am Beispiel einer Jugendfreizeiteinrichtung. In: ISA (Hg.): Soziale Praxis, Heft 2, Mädchenforschung in der Jugendhilfe. 1986, 173–184

Bayerischer Jugendring: Mädchen- und Frauenarbeit in der Jugendarbeit. Bestand und Bedarf. München 1997

Benard, Cheryl/Schlaffer, Edit: Einsame Cowboys. Kösel 2000

Bilden, Helga: Die Grenzen von Geschlecht überschreiten. In: Bettina Fritzsche u. a. (Hg.) 2001, 137–147

Bildungswerkstatt Christel van Dieken/Rohrmann, Tim: Aktionsforschungsprojekt: Konfliktlösungsverhalten von Jungen und Mädchen in Kindertageseinrichtungen. Hamburg, Braunschweig o. J. (unveröffentlichtes Manuskript)

Bitzan, Maria: Parteilichkeit zwischen Politik und Professionaliät. In: Anita Heiliger u. a. (Hg.): Feministische Mädchenpolitik. München 1993, 196–206

Bitzan, Maria: Geschlechtshierarchischer Verdeckungszusammenhang. Überlegungen zur sozialpädagogischen Mädchen- und Frauenforschung. In: Doris Lemmermöhle u. a. (Hg.) 2000, 146–160

Bitzan, Maria; Daigler, Claudia: Eigensinn und Einmischung. Einführung in Grundlagen und Perspektiven parteilicher Mädchenarbeit. Weinheim, München 2001

Blickhäuser, Angelika: Gender-Trainings – ein Instrument zum Erwerb von Gender-Kompetenz. In: BzgA Forum 4/2001, 14–17

BMFSFJ: Gender Mainstreaming (GM) in der Kinder- und Jugendhilfe. Diskussionspapier (unveröffentlicht). 7.12.2001

Böhnisch, Lothar: Männlichkeiten und Geschlechterbeziehungen. In: Margrit Brückner u. a. (Hg.): Geschlechterverhältnisse. Weinheim, München 2001, 39–118

Bourdieu, Pierre: Ökonomisches Kapital, kulturelles Kapital, soziales Kapital. In: Reinhard Kreckel (Hg.): Soziale Ungleichheiten. Soziale Welt. Sonderband 2/1983, Göttingen, 183–198

Braun, Frank: Zu dieser Veröffentlichung. In: Ute Schulewski: Doing Gender. Gender Effekte in Handlungsstrategien und Handlungskonstellationen von SozialpädagogInnen in der Jugendberufshilfe. DJI-Arbeitspapier 2/2002. München 2002, 5–7

Brommer, Sabine: Neue Perspektiven in der Geschlechterpolitik? In: AJS Informationen. Analysen, Materialien, Arbeitshilfen zum Jugendschutz 1/2002, 4–8

Brückner, Margrit: Gender als Strukturkategorie & ihre Bedeutung für die Sozialarbeit. In: Christine Gruber/Elfriede Fröschl (Hg.): Gender-Aspekte in der Sozialen Arbeit. Wien 2001, 15–23

Brückner, Margrit/Rose, Lotte: Innovative Frauen- und Mädchenarbeit. Untersuchung am Beispiel Frankfurt am Main. Frankfurt/M. 2002

Bruhns, Kirsten: Frauenförderung und Dekonstruktion. Unvereinbarkeit oder Ungleichzeitigkeit. In: Erika Haas (Hg.): Die Verwirrung der Geschlechter. Dekonstruktion und Feminismus. München, Wien 1995, 187–203

Butler, Judith: Das Unbehagen der Geschlechter. Frankfurt/M. 1991

Drogand-Strud, Michael: Braucht die Jugendhilfe Gender Mainstreaming? Eine Auseinandersetzung mit einem Strategiekonzept und ein Schlaglicht auf die Jungenarbeit. In: BzgA Forum 4/2001, 25–32

Enggruber, Ruth: Gender Mainstreaming und Jugendsozialarbeit. Münster 2001

Farrell, Warren: Mythos Männermacht. Frankfurt/M. 1995

Flade, Antje/Kustor, Beatrice (Hg.): Raus aus dem Haus. Mädchen erobern die Stadt. Frankfurt, New York 1996

Fritzsche, Bettina/Hartmann, Jutta/Schmidt, Andrea/Tervooren, Anja (Hg.): Dekonstruktive Pädagogik. Opladen 2001

Funk, Heide u. a. (1993): Gegen den alltäglichen Realitätsverlust. Sozialpädagogische Frauenforschung als aktivierende Praxis. In: Thomas Rauschenbach u. a. (Hg.): Der sozialpädagogische Blick. Lebensweltorientierte Methoden in der Sozialen Arbeit. Weinheim, München, 155–174

Giese, Eckhard: Gender Mainstreaming. Neuer Wein in neue Schläuche? In: Sozialmagazin 12/2001, 60–63

Ginsheim, Gabriele von/Meyer, Dorit (Hg.): Gender Mainstreaming. Neue Perspektiven für die Jugendhilfe. Berlin 2001

Glücks, Elisabeth/Ottemeier-Glücks, Franz Gerd (Hg.): Geschlechtsbezogene Pädagogik. Ein Bildungskonzept zur Qualifizierung koedukativer Praxis durch parteiliche Mädchenarbeit und antisexistische Jungenarbeit. Münster 1994

Graff, Ulrike: Selbstbestimmung für Mädchen. Pädagogische Auswertung der Theorie und Praxis des Mädchentreffs Bielefeld (hrsg. vom Landschaftsverband Westfalen-Lippe). Münster 1999

Hagemann-White, Carol: Von der Gleichstellung zur Geschlechtergerechtigkeit: Das paradoxe Unterfangen, sozialen Wandel durch strategisches Handeln in der Verwaltung herbeizuführen. In: BzgA Forum 4/2001, 33–38

Heiliger, Anita. Mädchenpolitische Forderungen an die Jugendarbeit und Jugendhilfe unter Berücksichtigung des neuen KJHG. In: Anita Heiliger/Tina Kuhne (Hg.innen): Feministische Mädchenpolitik. München 1993

Heinemann, Gabriele: Mädchenarbeit im Stadtteil. In: SPI, MÄDEA, Ursula Bachor (Hg.): Mädchen in Sozialen Brennpunkten. Berlin 2000. 193–207

Hoffmann, Berno: Geschlechterpädagogik. Münster 1994

Hoppe, Heidrun: Nur neue Begriffe oder mehr? In: Neue deutsche Schule 2/2000, 18–19

Hoppe, Ursula: Sportangebote contra Langeweile und Randale. In: Jugend, Beruf, Gesellschaft 4/2001, 241–246

ISS (Institut für Sozialarbeit und Sozialpädagogik): Geschlechterdifferenzierte Jugendhilfeplanung und Gender-Mainstreaming-Prozesse – So geht's. Frankfurt/M. 2001

Jantz, Olaf: Gender Mainstreaming – Neue Chancen für die Jungenarbeit? In: AJS Informationen. Analysen, Materialien, Arbeitshilfen zum Jugendschutz 1/2002, 8–18

Karsten, Marie-Eleonore/Hetzer, Silke/Riesen, Katrin van: Mädchenarbeit und die Politik des Mainstreaming. In: Betrifft Mädchen 4/2000, 32–33

Kaschuba, Gerrit/Huber, Helga: Gender Mainstreaming – Chance oder Risiken für die Mädchenarbeit? In: AJS Informationen. Analysen, Materialien, Arbeitshilfen zum Jugendschutz 1/2002, 20–25

6. Jugendbericht. Verbesserung der Chancengleichheit von Mädchen in der Bundesrepublik Deutschland. Bundestagsdrucksache 10/1007, Bonn 1984

Kelle, Helga: Necken, Klauen, Piesacken. Rituelle Inszenierungen des Geschlechterverhältnisses. In: Schüler '99 (hrsg. vom Friedrich Verlag). Seelze 1999, 42–44

Kelle, Helga: Das ethnomethodologische Verständnis der Konstruktion der Geschlechterdifferenz. In: Doris Lemmermöhle u. a. (Hg.) 2000, 16–132

11. Kinder- und Jugendbericht. Bericht über die Lebenssituation junger Menschen und die Leistungen der Kinder- und Jugendhilfe in Deutschland (hrsg. vom BMFSFJ). Berlin 2002

Klees, Renate u. a.: Mädchenarbeit. Praxishandbuch für die Jugendarbeit. Weinheim, München 1992

Klose, Christiana/Weißmann, Beate: Beispiel der Organisation von Mädcheninteressen in Frankfurt/M. In: Irina Bohn (Hg.): Von der mädchengerechten zur integrierten mädchenbewußten Jugendhilfeplanung. Stuttgart, Berlin, Köln 1996, 65–81

Krajczy, Rosemarie: Sozialräumlich orientierte Mädchenarbeit. In: Sozialmagazin 11/2001, 6063

Krell, Gertraude/Mückenberger, Ulrich/Tondorf, Karin: Gender Mainstreaming. Informationen und Impulse. Eine Veranstaltung für das Bundesministerium für Familie, Senioren, Frauen und Jugend am 31.8. und 7.9.2000 in Bonn und Berlin. Mai 2000 (unveröffentlicht)

Kuhlmann, Carola: »Doing gender« – Konsequenzen der neueren Geschlechterforschung für die parteiliche Mädchenarbeit. In: neue praxis 30. Jg., H. 3/2000, 226–239

Kupferschmid, Peter: Umsetzung von Gender Mainstreaming in der Jugendhilfe/Jugendsozialarbeit. In: BAG JAW (Hg.): Gender Mainstreaming in der Jugendsozialarbeit. Bonn 2002, 37–40

Lemmermöhle, Doris u. a. (Hg.): Lesarten des Geschlechts. Opladen 2000

Liebe, Martina: Gender Mainstreaming in der Jugendarbeit. In: Gabriele von Ginsheim u. a. (Hg.) 2001, 95–108

Lindner, Werner: Ethnografische Methoden in der Jugendarbeit. Opladen 2000

Maurer, Susanne: Geschlecht – Mädchen. In: Wolfgang Schröer u. a. (Hg.): Handbuch Kinder- und Jugendhilfe. Weinheim, München 2002, 311–324

Meyer, Dorit: Gender Mainstreaming: Bedeutung – Entstehung – Kontexte einer neuen politischen Strategie. In: Gabriele von Ginsheim u. a. (Hg.) 2001, 25–40

Meyer, Dorit: Gender Mainstreaming – eine neue geschlechterpolitische Strategie. In: BzgA Forum 4/2001, 3–8 (2001 b)

Meyer, Dorit/Seidenspinner, Gerlinde: Mädchenarbeit. Plädoyer für einen Paradigmenwechsel. In: Arbeitsgemeinschaft der Jugendhilfe (AGJ): 50 Jahre AGJ. Einheit der Jugendhilfe. Bonn, 1999, 58–71

Möbius, Stefan: Gegen den Strom. Queer und die Dekonstruktion von »Gender Mainstreaming«. In: Forum Wissenschaft 2/2001, 46–50

Möhlke, Gabriele/Reiter, Gabi: Feministische Mädchenarbeit gegen den Strom. Münster 1995

Müller, Burkhard: Entwurf einer mehrdimensionalen Theorie der Jugendarbeit. In: Doron Kiesel/Albert Scherr/Werner Thole (Hg.): Standortbestimmung Jugendarbeit. Schwalbach 1998, 37–64

Neubauer, Gunter: Gestaltung der Jungenarbeit unter Gender Mainstreaming-Aspekten. In: AJS Informationen. Analysen, Materialien, Arbeitshilfen zum Jugendschutz 1/2002, 19

Neubauer, Gunter/Winter, Reinhard: Jungen – Geschlecht – Identität. In: deutsche jugend 49. Jg. Nr. 2/2001, 71–75

Neubauer, Gunter/Winter, Reinhard: So »geht« Jungenarbeit. In: Benedikt Sturzenhecker u. a. (Hg.): 2002, 15–26

Nohr, Barbara: Total E-quality, diversity und Gedöhns. Vom stillen Abgesang auf die Quote und dem glanzvollen Aufstieg der Humanressource Frau. In: Forum Wissenschaft 2/2001, 15–19

Pothmann, Jens/Thole, Werner: Wachstum ins Ungewisse. Jugendarbeit im Spannungsfeld von öffentlicher Wahrnehmung und Empirie. In: Thomas Rauschenbach u. a. (Hg.): Kinder- und Jugendhilfereport 1. Münster 2001, 73–96

Prengel, Annedore: Erziehung von Mädchen und Jungen. Plädoyer für eine demokratische Differenz. In: Pädagogik 7–8/1990, 40–44

Preuss-Lausitz, Ulf: Gender Patchwork: Fremd- und Selbstbilder der Geschlechter im Umbruch. In: Helga Zeiher u. a. (Hg.): Kinder als Außenseiter. Umbrüche in der gesellschaftlichen Wahrnehmung von Kindern und Kindheit. Weinheim, München 1996, 189–206

Rauw, Regina: Mädchen zwischen den Stühlen. In: Regina Rauw/Ilka Reinert (Hg.): Perspektiven der Mädchenarbeit. Opladen 2001, 15–28

Rauw, Regina/Karl, Holger: »Traumschiff Koedukation«. Geschlechtsbezogene Koedukation im Wechsel der Gezeiten. In: 2. Rundbrief der LAG Mädchenarbeit in NRW, November 1999, 12–24

Rohrmann, Tim: Wofür ein Mann gebraucht wird ... In: KiTa spezial 2/2001, 35–38

Rose, Lotte: Und wo bleibt die Geschlechterorientierung in einer sozialräumlichen Jugendarbeit? In: Ulrich Deinet/Richard Krisch (Hg.): Sozialräumliche Jugendarbeit, Opladen 2002, 69–86

Sammet, Ulrike: Gender Mainstreaming – endlich Auftrieb für die Mädchenarbeit? In: Rundbrief der LAG Mädchenpolitik Baden-Württemberg 1/2002, 35–36

Savier, Monika/Wildt, Carola: Mädchen zwischen Anpassung und Widerstand. Neue Ansätze feministischer Jugendarbeit. München 1980 (1. Auflage 1977)

Scherr, Albert (2000): Subjektivitätsformen Jugendlicher. In: Vera King/Burkhard K. Müller (Hg.): Adoleszenz und pädagogische Praxis. Freiburg, 233–250

Scherr, Albert: Gender Mainstreaming – Chance und Herausforderung für die Kinder- und Jugendhilfe. In: Gabriele von Ginsheim u. a. (Hg.) 2001, 17–24

Scherr, Albert: Gender Mainstreaming als Lernprovokation – Anforderungen an die Ausbildung, Fortbildung und Personalentwicklung in den Organisationen der Jugendhilfe. In: Gabriele von Ginsheim u. a. (Hg.) 2001, 81–93 (2001 b)

Scherr, Albert: Gender Mainstreaming: unabweisbares Zukunftsthema Sozialer Arbeit. In: Sozial extra 4/2001, 51 (2001 c)

Schmauch, Ulrike: So anders und so lebendig ... Über Mütter und Söhne. In: Carol Hagemann-White/Maria S. Rerrich (Hg.): FrauenMännerBilder, Bielefeld 1988, 78–97

Schmidt, Andrea: Poststrukturalistische Perspektiven. Ein Beitrag zur Reflexion sozialpädagogischer Handlungspraxen. In: Bettina Fritzsche u. a. 2001, 269–280

Schön, Elke: »... da nehm' ich meine Rollschuh' und fahr hin ...«. Mädchen als Expertinnen ihrer sozialräumlichen Lebenswelt. Bielefeld 1999

Schön, Elke: Neue Befunde aus der Mädchenforschung für die Praxis einer sozialraumorientierten Kinder- und Jugendarbeit. In: deutsche jugend 3/2002, 120–127

Schröder, Luise: GM in der Kinder- und Jugendhilfe. Vorlage für den LJHA 15.10.2002 (unveröffentlicht)

Schumacher, Michaela/Trauernicht, Gitta: Mädchen in Häusern der offenen Tür (hrsg. vom Ministerium für Arbeit, Gesundheit und Soziales des Landes Nordrhein-Westfalen). Düsseldorf 1986

Schumann, Michael: Sozialräumliche und biographische Perspektiven in der Jugendarbeit. In: Neue Praxis 5/1994, 459–474

Schumann, Michael: Sozialraumanalyse und Ethnographie in der Jugendhilfe und Jugendarbeit? In: deutsche jugend 5/1995, 210–216

Schunter-Kleeman, Susanne: Doppelbödiges Konzept. In: Forum Wissenschaft 2/2001, 20–24

Schweikert, Birgit: Grundlagenpapier zu Gender Mainstreaming. Berlin 19.5.2000 (unveröffentlicht)

Schweikert, Birgit: Die Umsetzung des Gender Mainstreaming auf Bundesebene. In: BzgA Forum 4/2001, 9–13

Sielert, Uwe: Jungenarbeit. Praxishandbuch für die Jugendarbeit. Weinheim, München 1989

Smykalla, Sandra/Kotlenga, Sandra: Eine neuer Aufbruch in der Gleichstellungspolitik? Querschnittspolitik zwischen Integration und Marginalisierung. In: Forum Wissenschaft 2/2001, 25–28

Sprenkmann, Stephanie/Hörmann, Martina: Mädchenarbeit als Entwicklungsprozeß. In: Martina Hörmann u. a. (Hg.): Die kleine Schwester der Frauenbewegung. Mädchenarbeit gestern, heute und morgen. Frankfurt/M. 1996, 33–51

Stegbauer, Christian/Schwab, Jürgen/Stegmann, Michael: Blinde Flecken traditioneller Jugendhilfeplanung. Eine empirische Studie zur Jugendhilfeplanung. Frankfurt/M. 1998

Sterneberg-Schmidt, Irmgard: Mädchengerechte Gestaltung von Jugendfreizeitstätten. In: Jugendhof Steinkimmen (Hg.): Räume für Mädchen. Dokumentation einer Fachtagung. Steinkimmen 1994, 17–33

Stiegler, Barbara: Frauen im Mainstreaming. Politische Strategien und Theorien zur Geschlechterfrage (hrsg. von der Friedrich-Ebert-Stiftung). Bonn 1998

Stiegler, Barbara: Neuere Strömungen in der sozialwissenschaftliche Diskussion zu Geschlechtertheorien und ihre politische Relevanz: In: Kriminologisches Journal, 7. Beiheft 1999 (Das Patriarchat und die Kriminologie), 123–130

Stiegler, Barbara: Wie Gender in den Mainstream kommt. Konzepte, Argumente und Praxisbeispiele zur EU-Strategie des Gender Mainstreamings (hrsg. von der Friedrich-Ebert-Stiftung). Bonn 2000

Stiegler, Barbara: Wenn Gender das Mädchen schluckt – Gender Mainstreaming und die Mädchenarbeit. In: Forum Erziehungshilfen 2/2001, 68–73

Struck, Norbert: Gender-Mainstreaming – neue Herausforderungen zur Lösung aller Probleme der Kinder- und Jugendhilfe. In: Forum Jugendhilfe 3/2001, 42–46

Struck, Norbert: Der Inhalt bestimmt die Form. Welche Anpassungsnotwendigkeiten ergeben sich für eine zeitgemäße Jugendhilfe? In: Bundesministerium für Familie, Senioren, Frauen und Jugend (Hg.): Mehr Chancen für Kinder und Jugendliche. Münster 2001, 194–211 (2001b)

Sturzenhecker, Benedikt: Warum und wie Jungenarbeit – auch interkulturell. In: Mitteilungen Landesjugendamt Westfalen-Lippe 149/2001, 41–53

Sturzenhecker, Benedikt/Winter, Reinhard (Hg.): Praxis der Jungenarbeit. Modelle, Methoden und Erfahrungen in pädagogischen Arbeitsfeldern. Weinheim, München 2002

Sturzenhecker, Benedikt/Winter, Reinhard: Und sie bewegt sich doch, die Praxis der Jungenarbeit. In: Benedikt Sturzenhecker u. a. (Hg.) 2002, 7–12

Stuve, Olaf: »Queer Theory« und Jungenarbeit. Versuch einer paradoxen Verbindung. In: Bettina Fritzsche u. a. 2001, 281–294

Thürmer-Rohr, Christina: Gleiche unter Gleichen. In: Forum Wissenschaft 2/2001, 34–37

Tübinger Institut für frauenpolitische Sozialforschung (Hg.): Den Wechsel im Blick. Methodologische Ansichten feministischer Sozialforschung. Pfaffenweiler 1998

Voigt-Kehlenbeck, Corinna: ... und was heißt das für die Praxis? Über den Übergang von einer geschlechterdifferenzierenden zu einer geschlechterreflektierenden Pädagogik. In: Bettina Fritzsche u. a. (Hg.) 2001, 237–254

Voigt-Kehlenbeck, Corinna: Gleichheit – Differenz – Dekonstruktion. In: Forum für Kinder- und Jugendarbeit 4/2001, 4–15

Voigt-Kehlenbeck, Corinna: Geschlechterreflexive Kinder- und Jugendhilfe (unveröffentlichtes Manuskript). Steinkimmen 2002

Walser, Karin: Professionelles Können in der Jugendarbeit. In: Vera King/Burkhard K. Müller (Hg.): Adoleszenz und pädagogische Praxis. Freiburg 2000, 251–268

Weber, Monika: Mädchengerechte Kinder- und Jugendhilfe (hrsg. vom Ministerium für Frauen, Jugend, Familie und Gesundheit NRW). Düsseldorf 1999

Weber, Monika: Mädchenarbeit: In: Wolfgang Schröer u. a. (Hg.): Handbuch Kinder- und Jugendhilfe. Weinheim, München 2002, 715–734

Weber, Monika/Wolff, Mechthild: Zukunft Europa – Zukunft für Mädchen?! Ein Tagungsbericht. In: Mechthild Wolff (Hg.): Zukunft Europa – Zukunft Mädchen! Strategien gegen die Ausgrenzung benachteiligter Mädchen und junger Frauen in Europa. Münster 2002, 188–193

Wertmanns-Reppekus, Ulrike: Gender mainstreaming bleibt eine Zukunftsaufgabe der Kinder- und Jugendhilfe. In: Sozial extra 6/2002, 26–28

Werthmanns-Reppekus, Ulrike: Von der Frauenfrage zur Genderantwort: Die Kategorie Geschlecht in der Kinder- und Jugendhilfe. In: AGJ (Hg.): Entwicklungen und Wirkungen der Jugendberichterstattung in Deutschland. Münster 2002b (im Druck)

Wick, Barbara Andrea/Neuschwander, Hartmut: ... wenn das alles nur so zweifach wäre! Aus einem Briefwechsel über Geschlechterforschung. In: KiTa spezial 2/2001, 17–19

Winter, Reinhard u. a.: Was fehlt, sind Männer! Ansätze praktischer Jungen- und Männerarbeit. Schwäbisch Gmünd, Tübingen 1992

Zinnecker, Jürgen: Pädagogische Ethnographie. In: Imbke Behnken u. a. (Hg.): Kindheit und Schule. Weinheim u. a. 1995, 21–38